운명을
열다

운명을 열다

당신의 잠재된 운을 끌어올리는
개운법과 인생 솔루션

하늘산 지음

힐링스쿨

《여는 글》

운명을 알아야 운명을 바꾼다

역학易學은 하늘이 인간에게 내려준 인생 매뉴얼입니다. 사주四柱의 여덟 글자로 우리 삶의 이치를 알 수 있습니다. 요컨대 인간이 이 세상에 태어나서 어떻게 살아가는 것이 하늘의 뜻에 부합하는 것인지에 대한 하늘의 법칙, 즉 천리天理가 담겨 있습니다.

사주를 정해진 운명이라고 말하는 이도 있고 운명이나 사주를 그다지 인정하지 않는 사람들도 있습니다만, 운명이 있다는 기본 전제를 깔고 말한다면, 운명을 알아가고 해법에 접근하는 가장 확실한 방법 중 하나는 사주팔자를 통한 명리학命理學입니다.

주역周易과 역학을 비과학이라고 말하는 사람들이 많지

만, 주역의 근원과 짜임새를 들여다보면 과학적인 이론 체계로 구축되어 있음을 알 수 있습니다. 그러나 동양에서는 이에 대해 무지한 탓에 주역과 역학이 한낱 점복술占卜術로 폄하되고 잡술雜術로 대중들에게 인식되고 있는 매우 안타까운 현실입니다. 이는 서양 문물이 동양으로 밀려오는 과정에서 우리의 것을 경시하고 물질문명 중심인 서양의 과학에만 너무 치우진 결과라고 할 수 있습니다.

사실 주역의 정수精髓는 정신분석학자 칼 융C. G. Jung을 비롯한 서양의 지성들이 정확히 알아봤습니다. 수많은 서양의 과학자들과 사상가들은 주역의 신묘함과 과학성에 매료되어 주역의 가치를 인정했습니다. 이들을 통한 보다 많은 연구로 인해 양자역학이나 평행우주이론 등과 같은 첨단 과학에 대한 사유가 가능해졌습니다.

주역으로부터 시작된 역학은 의학, 천문학과 함께 발전하기 시작하여 중국의 당나라와 송나라를 거치면서 사주명리학의 근간이 되었습니다. 동양학의 정수인 주역이 과학적이듯이 사주명리학도 매우 분석적이며 과학적인 측면을 많이 가지고 있습니다.

그러나 현재 사주명리학의 신뢰도에 의문을 표현하는 사

람들이 많은 이유는 사주를 간명하는 사람들의 수준이 천차만별이고 통일되지 않은 이론의 난립 때문입니다.

동일한 사람의 사주를 두고 다양한 해석이 나오는 이유는 간명하는 자의 공부가 부족하거나 잘못된 방향으로 학문을 받아들였기 때문입니다. 제대로 공부한 역학자라면 사주팔자의 여덟 글자에서 상담자의 성격, 건강, 애정, 습관, 부자의 수준, 취향, 자식의 유무, 길흉화복, 배우자의 길흉 등 많은 사항들을 비교적 정확히 알 수 있습니다. 이는 고금을 통틀어 입증된 사실로서 사주의 여덟 글자 속에 인생 매뉴얼이 담겨 있지 않고서는 어려운 일입니다.

역학은 하늘에서 인간에게 내려준 인생 매뉴얼과 같은 것이고 그 중에서 사주팔자는 그렇게 복잡한 역학을 간단히 줄여서 압축한 인생의 '라이프 코드life code'라고 말할 수 있겠습니다. 그러한 라이프 코드를 풀어서 부족한 부분은 보완하고 위험한 것은 경계하며, 자신의 인생을 보다 풍요롭게 변화시키는 것이 우리들이 해야 할 일인 것입니다.

이러한 고민들을 바탕으로 이 책을 통해 여러분들에게 다가가게 되었습니다. 여기서 소개한 다양한 내용들과 이론들은 책에서 단순히 접하는 그저 그런 내용들이 아니라, 많은 사람들의 인생을 상담하면서 축적되고 다듬어진 내용들로서 필자가 운영하는 인터넷 네이버 카페인 역학사랑방을 통해 수만 명의 회원들에게 공감을 얻은 글들입니다(http://cafe.naver.com/lovesaju).

직접 찾아뵙고 상담을 해드려야 하지만, 이렇게 책으로 뵙는 것을 너그러이 용서해주시기 바라며, 그 대신 이 책에 운명과 인생에 대한 많은 비밀과 해결책을 제시하고자 노력했으니, 이 책을 통하여 아무쪼록 많은 분들이 자신에게 주어진 운명의 비밀들을 풀어서 더욱더 행복해지시기를 진심으로 기도드립니다.

이 책을 읽고 여러분은 분명 새로운 변화를 느낄 수 있을 것입니다. 더욱 긍정적으로 변할 것이고, 성공적인 인생을 향해 한 발 한 발 내딛고 있는 자신을 발견할 것입니다. 그 결과 운명과 인생을 개척한 행복한 승리자가 되실 것을 굳게 믿습니다.

우리가 살아가는 인생은 결국은 왔다가 되돌아가야 하는 한시적인 여행과 같습니다. 그 길에서 생각과 감정을 공유하는 것은 매우 소중한 인연입니다. 지금 이 책을 읽는 여러분은 우리에게 남아 있는 소중한 날들 중에서 그 첫날을 함께 시작하게 된 것입니다. 여러분들의 운명과 인생에 파이팅을 기원합니다.

마지막으로 이 책이 나오도록 항상 격려해주신 '사단법인 아이힐링스쿨'(https://www.healings.or.kr) 후원자분들과 12만 명 '역학사랑방'(https://cafe.naver.com/lovesaju) 카페 회원분들에게 진심으로 감사드립니다.

하늘산 두손 모아 나마스테

《차례》

여는 글 • 운명을 알아야 운명을 바꾼다 ·············· 5

제1막

당신의 운명은 안녕하십니까?

운명의 판도라상자를 열어젖혀라 ·············· 19
사주팔자와 운명 ·············· 28
운명은 인과율 ·············· 33
운명은 화살처럼 날아온다 ·············· 37
숙명은 그림자처럼 따라온다 ·············· 40
운명을 바꾸는 힘의 정체 ·············· 42
복권에 당첨되는 운은 따로 있나? ·············· 45
시간과 장소를 가려야 운이 풀린다 ·············· 48

제2막
운을 바꾸는 좋은 습관

역학으로 푸는 개운법	55
사고의 전환은 운명을 바꾼다	62
죽을 만큼 힘든 사람들의 7가지 습관	65
숨어 있는 자신의 잠재능력 끌어올리기	68
운을 버는 방법	71
성공적 자아를 만드는 방법	75
예절은 운과 연결되어 있다	80
준비된 사람만이 행운의 주인공이 된다	82
믿고 행동하면 이루어진다	84
직장에서 승리자가 되려면	87
마음의 번뇌를 10분 안에 해소하는 방법	91

부처가 되는 방법	94
숙면은 개운의 첫 단추	98
다이어트, 비우는 것에서 얻는 삶의 충만	100
금연, 지금 안 하면?	104
개운법의 열쇠, 독서	109
건강한 기 살리는 방법	113
음파오행보정법	117
음식을 통한 개운법	119
개운식음법·첫 번째 이야기, 木	124
개운식음법·두 번째 이야기, 火	126
개운식음법·세 번째 이야기, 土	128
개운식음법·네 번째 이야기, 金	130
개운식음법·다섯 번째 이야기, 水	132
운명을 바꾸어준 단 한 번의 만남	134
운명을 바꾸는 기도 방법	138

제3막
역학으로 푸는 인생 솔루션

역학은 경험으로부터 나오는 인생 전략	147
삶의 고통 앞에서 카르마를 기억하라	150
몸, 입, 생각으로 업을 짓다	154
깨달음은 고난 이후에 오는 것	157
인생은 고통과 깨달음의 연속이다	159
재미있는 역술 이야기	
숙종대왕과 역술가 갈처사	163
역학의 혜안을 지닌 율곡 선생	169
제산 박도사의 신묘한 예지	172
개명과 운	176
길들여진 삶은 족쇄 찬 코끼리	181
인간성 회복을 위한 교육	184
부부란 무엇인가?	186
종교와 행복	189
보시에 대한 운명학적 고찰	192
베풀고 돌보며 살아가기	196
개운법의 비결	199

제4막
운명과 사랑하라

아모르 파티, 운명을 사랑하라 ······ 205
재물을 끌어당기는 힘 ······ 208
당신은 여성들과 교감할 수 있는 사람입니까? ······ 211
후회와 걱정은 나쁜 운을 부른다 ······ 214
실패적 자아를 이겨내는 방법 ······ 219
실패하는 사주를 바꾸려면 ······ 222
물질적 집착의 무의미함 ······ 225
고통의 크기만큼 성공한다 ······ 228
나를 괴롭히는 사람으로부터 벗어나기 ······ 231
상대방을 설득하고 싶거든 ······ 233
어설픈 충고는 타인에게 독이다 ······ 237
아첨과 칭찬의 엄청난 차이 ······ 240
삶의 괴로움과 즐거움은 찰나일 뿐 ······ 244
근심 걱정에 대처하는 에스키모의 자세 ······ 247
이별로 힘든 사람들의 대처법 ······ 250
나쁜 시험운과 그 대처 방법 ······ 254
나쁜 기운을 몰아내는 새해 일출 맞이 ······ 257
지금 누군가를 사랑하고 있습니까? ······ 260

부 록

하늘산 선생님께 띄우다

역학에 새로이 눈뜬 한 해	265
문선명 총재의 죽음 앞에서	272
김정일 죽음 예고	275
CEO들을 위한 연단에 서서	277

제1막

당신의 운명은 안녕하십니까?

운명의 판도라상자를 열어젖혀라

 먼 옛날부터 역학易學에서는 사람의 운명運命을 놓고 수없이 많은 연구와 해부를 해왔습니다. 그 결과 많은 사람들이 기본적으로 '사주四柱는 바꿀 수 없고 운명은 주어진 사주대로 사는 것'이라고 말합니다. 그러다 보니 운명은 판도라의 상자와 같이 열어서는 안 되는 것처럼 쉬쉬하는 점복술占卜術로 인식되기에 이르렀습니다.

한데 이러한 역학의 견해를 비껴가는 경우도 많습니다. 수많은 위인들의 열전과 영웅들의 서사시를 들여다봅시다. 역경을 극복하고 스스로 자신의 삶과 세상을 바꾸려 했던 그들의 이야기는 운명은 그대로 주어지는 것이 아니라 만들어가고 창조하면 충분히 변화시킬 수 있음을 말해줍니다.

그렇다면 사주팔자는 우리의 인생에 어느 정도 영향을 미치는 것일까요? 지금까지 어느 역학자도 이 부분에 대해서 통일되고 일관된 의견을 제시해주지 못하고 있어 각종 언론들도 많이 궁금해했던 부분입니다. 실제로 2012년 케이블 방송 채널A의 〈운명, 논리로 풀다〉라는 방송 프로그램에서는 서울역에서 30년간 노숙자 생활을 한 사람의 사주를 가지고 동일한 사주의 구성원들이 어떻게 생활하는지 검증하는 작업을 했습니다. 그 결과 한 사람은 일용직 근로자로 살아가고 있었고, 나머지 한 사람은 독학으로 외국에서 공부를 하고 대학에서 강의를 하는 가장이었습니다. 이영돈 PD를 포함한 제작진들은 무척 궁금해서 많은 역학자에게 질문을 하였습니다. 이러한 차이는 왜 생기는 것일까요?

"아마 운명이라는 것이 판도라 상자와 같아서 그런 건 아닐까요?"

이 운명이라는 판도라 상자도 학문적인 토대에서 시작된다는 것을 알아야 합니다. 《황제내경黃帝內經》이라는 한의학 서적을 보면 '의역동본醫易同本'이라고 소개하고 있습니다. 즉 의학과 역학은 뿌리가 같다는 의미입니다. 실제로 저에게 강의를 듣는 한의사들이 그러한 주장을 검증하고 있습니다. 모두 뛰어난 능력과 학문적 소양을 가진 한의사들인데,

사주팔자가 가진 과학성과 신비함에 탄복합니다. 실제 진맥을 하는 과정에서 사주를 통해 더욱 정교한 상담이 가능하다고 말합니다. 역학의 과학성에 대해서는 이처럼 의학계에서 적극적으로 검증하고 있습니다. 양창순 대인관계클리닉 원장은 정신과 의사이면서도 주역과 사주에 대해 깊은 이해를 가지고 있으며, 상담에서 이를 적극 활용하고 있다고 인터뷰 기사에서 밝혔습니다. 의학계나 심리상담 분야에서 학문으로서 역학의 중요성이 점점 부각되고 있습니다.

우리 인생에서 사주팔자가 미치는 영향에 관한 구체적인 데이터를 얻기 위해 네이버의 역학사랑방 카페를 통해 회원 약 3천 명을 대상으로 실험을 하였습니다. 그 결과 파레토 법칙의 20대 80에 근접한 수치인 대략 78퍼센트에 이르는 사람들이 별다른 노력을 하지 않고 흘러가는 운명대로 살아간다는 것을 알게 되었습니다. 이들은 운명의 큰 틀을 벗어나지 않거나 벗어나지 못하고, 운명에 순응하며 살아가고 있습니다. 사람마다 다소 차이는 있겠지만 사주가 딱히 모나지 않은 사람들(평범한 사주라고도 말합니다)은 자신의 운명이 주어진 대로 살아가거나 사주가 너무 좋지 않은 경우에도 자포자기하며 사는 사례가 대부분이었습니다.

실험 내용은 다음과 같았습니다. 자신이 삶의 주체자가 되는지, 그저 분위기에 따라 흘러가는 사람인지 간별簡別하는 실험이라는 사실을 분명히 밝혔습니다. 우리가 살아가면서 조금만 노력하면 분명히 운명이 바뀌므로 적극적으로 동참하라는 내용의 말을 했습니다. 그리고 사람들에게 한 가지 선택을 하라고 했습니다. 댓글을 하나만 달면 당신의 운명은 매우 긍정적으로 변하고 행운이 찾아올 것이라고 말입니다. 그리고 또 분명히 말했습니다. 이 실험에 동참한 전체 인원들 중에서 정확히 22퍼센트의 사람들만이 댓글을 달 것이라고 했습니다. 그 결과 세 번에 걸친 실험 모두 약 22퍼센트의 사람들만이 댓글을 달았습니다.

운명의 정확성에 대한 연구가 몇몇 학자들에 의해서 이루어졌는데, 관련 자료를 보면 다음과 같습니다.

> 나는 수년 전부터 대학에서 명리학을 학생들에게 3학점 전공과목으로 가르치면서 사주팔자라고 하는 것이 과연 어느 정도나 맞는 것인가를 추적해보았다. 결론은 대략 70퍼센트 정도 맞지 않나 싶다는 것이다.
>
> — 조용헌, 1999, 《천시와 사주팔자》, 한국논단 6월호 159쪽

그리고 사주와 직업과의 관계를 연구한 석사학위 논문에서는 다음과 같은 통계결과를 제시하고 있습니다.

전체 조사대상 1,400명 중 총 880명(62.9퍼센트)이 자신의 사주 상의 직업과 실제 직업에서 일치를 보였다.

— 박계림, 2002, 〈사주와 직업과의 관계 연구〉 56쪽

운명에 순응하는 사람들과 달리 전혀 다른 선택을 하는 사람들이 있습니다. 이들은 댓글을 다는 것처럼 인생을 적극적으로 살아갑니다. 생각을 게을리하지 않기에 쉽게 매너리즘에 빠지지도 않습니다. 보통 사람들과는 다른 DNA를 가진 사람들입니다. 이 22퍼센트의 사람들 속에 난관을 극복하고 스스로 운명을 개척하는 사람들이 있습니다. 정신분석학적으로 말하면 초자아超自我나 자아가 발달한 사람들입니다. 이들은 운명의 판도라 상자를 열어젖혀 인생을 자기 것으로 만드는 것, 즉 개운법에 따라 운명을 살아갑니다.

이러한 사례 중에서 매우 유명한 것이 명나라를 건국한 황제 주원장朱元璋의 이야기입니다. 명나라를 세운 주원장은 어린 시절에 음식을 구걸하는 떠돌이였습니다. 배고픔을 잊기 위해 황각사라는 절에 들어가 스님이 되었으나 그래도 밥

을 배불리 먹을 수 없었습니다. 이에 주원장은 탁발승이 되어 음식을 구하러 다니면서 홍건적의 세력이 흥하는 난세임을 목격하고 희망을 품게 됩니다.

스스로 무관의 재능을 발견한 주원장은 훗날 장인이 되는 홍건적 장수 곽자흥의 수하로 들어가 출세 가도를 달리게 됩니다. 그리고 은인자중隱忍自重으로 지략과 실질적인 권력을 쌓아 홍건적의 우두머리가 되었습니다. 홍건적의 우두머리였던 주원장이 명나라 황제로 등극하게 된 것은 그가 시대의 흐름을 읽고 도전을 택했기 때문이기도 하지만, 그의 나이 33세에 뛰어난 전략가이기도 했던 유백온劉伯溫을 만났기 때문입니다. 유백온은 역학의 대가로서 명리학계의 유명한 저서인 《적천수滴天髓》의 저자로 추정되는 인물입니다. 주원장은 정치 세계를 떠나 있던 50세의 유백온을 속세로 불러 그와 전략적으로 협력합니다. 이것은 마치 유비劉備가 제갈량諸葛亮을 얻어 촉한蜀漢을 세운 것과 비견되는 만남입니다.

훗날 주원장은 황제로 등극한 이후 자신과 같은 사주를 가진 사람들이 어떻게 살고 있는지 문득 궁금해졌습니다. 이러한 이야기는 청나라 시대의 유명 문인인 오치창吳熾昌이 쓴 글에 나옵니다. 주원장은 자신과 동일한 사주를 가진 사람들이 어떻게 살고 있는지 알기 위해서 포정사라는 별도의 기구를 두고 샅샅이 조사했다고 합니다. 그 결과 자신의 사주와 같은 사람들이 뱃사공, 스님, 거지, 상거래 중개인이었다고 합니다. 동일한 사주를 가진 사람들이 너무도 극과 극의 인생을 살았다는 명백한 증거가 바로 이것입니다.

   조선을 건국한 태조 이성계와 관련해서도 비슷한 이야기가 전해져 내려오고 있습니다. 태조 이성계는 그의 친구인 무학대사의 도움을 많이 받았습니다. 무학대사는 주역, 사주, 관상, 풍수지리에 능하기로 유명했습니다.

   무학대사가 깊은 산길을 가다가 밤이 어두워져 산 속에 있는 허름한 오두막에서 하룻밤을 보내게 되었습니다. 오두막 주인에게서 찬은 별로 없지만 정성이 가득한 저녁을 극진하게 대접받은 무학대사는 별로 줄 것은 없고 사주를 봐주겠다고 말합니다. 주인에게서 생년월일과 시를 받아서 적던 무학대사는 그만 깜짝 놀라고 맙니다. 그 오두막 주인의 사주가 자신의 친구인 태조 이성계와 동일했기 때문입니다.

   한참 동안 생각에 빠져 있던 무학대사는 집주인에게 물었습니다.

   "주인장은 무얼 하면서 살고 있소이까?"

"저는 산 속에 벌통을 놓고 벌을 치고 있습니다. 이 산이 깊어서 상당히 많은 벌통을 놓았습죠."

무학대사는 자신의 무릎을 치면서,

"허 참 기묘한 인연이로고…… 한 사람은 천하를 호령하고 다른 한 사람은 벌들을 호령하고 있구나."

이것이 바로 운명에 순응한 사람과 운명을 개척한 사람의 인생이 어떻게 갈리는지 보여주는 단적인 예가 아닐까 합니다. 주원장이나 태조 이성계는 운명을 만들어간 사람들입니다.

이렇게 운명이 갈리는 이유는 이렇습니다. 가령 사주 중에서 어렵게 산다는 말을 많이 듣게 되는 군겁쟁재群劫爭財에 해당하는 사주가 있는데, 이 사주의 의미는 태어났을 때부터 가난하게 살라고 하늘에서 낙인을 찍은 것이 아니라, 그 사주는 인생이 편안하기 어려우나 특별한 노력을 한다면 부자나 성공적인 인생을 살 수 있다는 것을 의미합니다.

따라서 아무리 주어진 사주팔자가 나쁜 사람도 스스로 깨닫고 부단한 노력을 한다면 이루기 힘든 큰 과업을 이루는 경우가 많다는 것을 하늘은 말하는 것입니다. 앞에서 소개한 주원장과 이성계 같은 영웅들의 패업霸業은 이런 결과입니다.

제대로 된 미래를 개척하고 싶다면 먼저 운명의 판도라 상자를 열어야 합니다. 이것이 바로 운명을 제대로 여는 방법입니다.

> 비록 그것이 힘든 길일지라도,
> 인간에게는 무궁한 가능성이 열려 있다.
> 자신에게 적합한 길을 걷는 자는 성공이 빠를 것이지만,
> 자신에게 부적합한 길을 걷는 자는 역경에 많이 부딪칠 것이다.
> 그러나 부적합한 길이더라도 크게 되는 길은 반드시 있다.
> 역경에서 좌절하는 것이 평범한 인간들이지만,
> 그러한 역경을 이겨내는 사람들을 우리는 위인이라고 부른다.
> 어려서 들쥐를 잡아먹고 자신의 아내가 겁탈 당하는 수모를 겪고, 인분이나 오물을 먹으면서도 희망을 잃지 않았던 칭기즈칸이 바로 그러한 인물이다.

이 책을 시작하는 여러분들에게 이런 질문을 던지고 싶습니다. 당신의 희망은 무엇입니까?

이것이 바로 운명을 변화시키는 판도라의 상자를 여는 사람들의 기본자세입니다.

사주팔자와 운명

사주팔자는 태어날 때 본디 가지고 나오는 선천운先天運입니다. 세상의 삼라만상이 그러하듯 인간이 세상에 태어난 것에도 인과법칙이 있습니다. 다시 말해 이 인과법칙에 운명을 바꾸는 수수께끼가 숨어 있다는 말이 됩니다.

생명이 있든 없든 모든 것에는 원인이 있기에 어떤 형태로든 세상에 나옵니다. 그러므로 우리가 눈으로 볼 수 있는 모든 것은 원인과 결과라고 할 수 있습니다. 지금 우리의 모습도 미래에 마주칠 결과의 원인인 셈입니다.

그러므로 현재 드러나는 모습에 현혹되지 말고 본질을 파악할 필요가 있습니다. 이러한 자신의 본질을 탐구하는 학문이 바로 역학입니다. 역학은 사주팔자가 기본 골격입니다. 그리고 사주팔자에 드러나지 않은 부분들은 영혼의 다름과 부모의 DNA의 차이로 이해할 수 있습니다.

개인의 사주팔자를 자세히 들여다보면 '복福'을 찾을 수 있습니다. 우리는 복을 재물복, 인복, 남편복, 자식복 같은 말로 연결 짓습니다. 물론 이것도 복임에 틀림없지만 복의 본질을 가만히 들여다보면 다음과 같은 요소를 포함합니다.

관성, 인성, 비겁의 조합으로 이루어진 총명함
인성, 비겁, 식상의 조합으로 이루어진 건강과 정신력
식상, 재성, 관성의 조합으로 이루어진 매력

이 세 가지 요소는 개인의 노력으로 발전시킬 수 있습니다. 물론 타고난 자질이 다르다는 것은 인정해야 하지만 오늘날에는 과거처럼 시대 환경의 제약이 크지 않기 때문에 개인의 노력에 따라 운명이 달라질 수 있습니다.

좀 더 부연 설명을 하자면, 관성官星은 주로 명예를 의미하고 직업으로도 해석하는 분석 요소이고, 인성印星은 정신적인 영역으로서는 권리와 학문적인 부분으로 해석하는 분석 요소, 비겁比劫은 육체적, 정신적인 뿌리의 영역에 영향을 많이 미치는 분석 요소, 식상食傷은 본능과 쾌락, 정신적인 영역에 영향을 많이 미치는 분석 요소, 재성財星은 활동력이나 재물과 관련된 영역에 영향을 많이 미치는 분석 요소입니다.

운명에 대응하려면 먼저 운명을 알아야 합니다.

나를 알고 운명을 파악하게 해주는 학문이 바로 역학입니다. 역학을 도식화하면 사주팔자로 나타납니다. 따라서 사주팔자를 연구하는 역학을 점이라고 말할 수 없습니다. 점은 무작위적인 데이터를 도출하는 반면에 역학은 학문적인 분석 툴에 따라서 해석하기 때문입니다.

과학적인 이론과 방법으로 사주를 분석하는 학문이 바로 역학이며 점과는 구별됩니다. 과학에서 다루는 평행우주이론, 웜홀이론, 카오스이론을 수학적으로 검증하듯이 역학도 과학적인 데이터를 기초로 탄생한 이론입니다. 운명에 대응하여 보다 발전적으로 인생을 개척하는 성공학이 역학인 것입니다.

사주를 제대로 알면 운명을 바꾸는 기회를 만들 수 있습니다. 많은 상담을 해오면서 자신 있게 말할 수 있는 것은 역학이 매우 정확한 학문이라는 점과, 한계는 분명 존재하지만 자신의 노력 여하에 따라 운명은 변화 가능하고 개선의 여지가 있다는 것입니다.

많은 사람들이 궁금해하는 것은 이 세상의 모든 사람들이 운명을 알고 노력하여 개선한다면 절대평등의 세상에 가까워지지 않겠느냐는 것입니다. 하지만 실제로 그런 일은 일어나지 않습니다. 왜냐하면 운명을 믿지 않는 사람들과 운명을 모르거나 관심 없는 사람들, 그리고 노력하지 않는 사람들이 항상 있게 마련이고, 이는 이 세상을 살아가는 전체 인구의 78퍼센트 정도를 차지합니다.

자신의 운명을 개척하고 싶지 않거나, 효율적으로 대처하여 남들보다 앞서고 싶지 않다면 운명을 알 필요가 없습니다. 운명을 모르고도 살 수 있지만 운명을 모른다면 운명을 알고 준비하는 사람보다 더 많은 노력을 해야 하고, 인생을 효과적으로 살 수 없습니다.

이런 삶을 팽팽한 기타 줄에 비유할 수 있을 것입니다. 기타와 같은 현악기는 사용하지 않을 때에는 그 줄을 풀어놓고 느슨하게 두어야 수명이 길어질 터인데 기타 줄을 잠시도 풀어놓지 못하는 것과 같이 항상 여유 없이 팍팍하게 살아야 한다면, 많은 긴장감과 스트레스로 인해 성공하더라도 다른 소중한 것을 잃는 실패를 맛볼 수 있습니다.

따라서 운명을 알고 물러설 때와 나아갈 때를 아는 것만으로도 우리는 좀 더 유리한 고지를 차지하게 됩니다.

때를 알고 그 세기를 알고 인간의 마음을 알면 천하天下가 바로 당신의 것입니다. 이런 사람의 인생 항해는 보다 순조롭게 흘러갈 것이고, 결국에는 광활한 대륙에 닻을 내리게 되는 것입니다.

**인생에서 성공하기를 바라는 사람은 인내를 벗으로 삼고,
경험을 현명한 조언자로 하며, 희망을 수호신으로 삼아라.**

— 토머스 에디슨

운명은 인과율

'인과율因果律'은 모든 일에는 반드시 원인이 있다는 시각으로 흔히 인과법칙, 인과관계라는 말로 쓰입니다. 하고 많은 나라 중 우리는 왜 대한민국에서 태어난 것일까요? 그리고 그 대한민국, 지금 이 자리에 우리는 왜 함께 있는 것일까요? 카르마를 통해 보자면 우리는 과거에 가장 치열하게 치고받고 싸운 사이였기에 여기 이렇게 만나고 있는지도 모릅니다. 반대로 너무 열렬히 사랑했던 사이일지도 모릅니다.

우스갯소리로 "전생에 무슨 원수지간이었기에 너와 나의 인연이 이렇게 질기냐?" 하는 말을 던지기도 합니다. 전생에 부모 자식 간이었거나 형제자매였거나 부부였거나 경쟁관계였을 수도 있었을 것입니다.

우리는 돌고 도는 세상을 살고 있습니다. 이를 가장 명쾌하게 풀어주는 것이 역학을 통한 사주팔자의 조합입니다.

역학은 인과율에 접근하는 가장 좋은 방법 중 하나입니다.

사주팔자를 모르고도 인생을 살 수는 있습니다. 다만 무엇에 집중해야 할지 모르고, 살아가는 의미를 찾아 헤매게 되는 인생이 될 수 있기에 역학을 통해 운명과 인생을 보는 제대로 된 혜안을 갖추는 것이 필요합니다. 사주팔자를 읽을 수 있는 눈이 부족하기 때문에 우리는 아직도 해탈解脫하지 못하고 윤회輪廻의 굴레 속에서 쳇바퀴를 돌리고 있는지도 모릅니다.

제게 상담하러 온 어떤 의뢰인은 한 시간 정도 상담을 마치자 눈물을 흘리면서 시간을 돌려 과거로 돌아가고 싶다며 크나큰 후회를 하셨던 분이 계셨습니다. 3년 전에 운영하던 산부인과 병원을 대형화시키겠다며 대출을 받으러 다니던 차에 이를 걱정하는 아내의 손에 이끌려 상담을 받으러 왔던 분이었습니다. 그 분은 타인의 말을 잘 듣지 않는 독불장군 스타일이었습니다. 당시 저는 앞으로의 운이 나쁘므로 절대로 사업을 확장하지 말고 성형외과로 전업할 것을 조언했습니다. 그러나 그는 충고를 외면하고 주변의 부추기는 말을 듣고 거액의 은행 대출을 받아서 큰 건물로 옮겨 계획대로 산부인과 병원을 대형화했습니다. 당시 저와의 상담 내용을 잊고 지인들의 말을 따랐으나 결과는 참담했습니다. 그가 증축한 병원으로부터 1킬로미터 이내에 대형 종합병원이 들어와 자신의 병원 재정은 점점 악화되었고, 주변에서 자신을 크게 부추겼던 지인들과 조언자들은 언제 그랬냐는 듯 모르는 척했습니다.

그는 거액의 빚을 지고 가정도 파탄 나자 뒤늦게 저를 다시 찾아온 것이었습니다. 빚잔치를 하고 나서 아무것도 남지 않은 상황에서 저의 간명지가 눈에 들어오더라는 것입니다. 거기에는 결코 사업을 확장하지 말라고, 만약 확장하면 반드시 망한다는 구절도 있었습니다. 그는 자신은 운명을 믿지 않았으며, 오히려 주변에서 좋은 말만 하던 사람들의 달콤한 감언이설에 더 믿음이 갔다고 합니다. 지천명을 앞둔 나이에 모든 희망을 잃어버리고 다시 일어설 용기도 없다고 했습니다.

저는 모든 상담을 마치고 그를 따스하게 안아 드렸습니다. 남자들의 포옹이었지만 그 순간만큼은 소중한 인연의 고리를 맺은 듯한 느낌이었습니다.

삼성그룹의 창업자 이병철 회장은 큰일을 도모하는 사람은 데이터만으로 판단하지 말고 상식의 영역을 벗어나는 기인이사奇人異士들을 찾아다니면서 질문을 던지는 지혜를 가져야 한다고 했습니다. 이것을 이판理判의 영역이라고 합니다. 사물의 흐름을 보고 판단하는 사판事判과 기인이사들의 신비한 영역인 이판을 종합해서 판단하여 의사결정을 내리는 것을 이판, 사판이라고 부르는 것입니다. 종합하면 이판과 사판의 그 어느 것도 소홀히 여기지 말라는 경청의 중요성을 말하는 것이었습니다.

복을 나누어주고 좋은 일을 하는 것은 남을 위해 하는 것이 아니고 나의 행함으로 너와 내가 받는 것입니다. 내가 말하고 행동하는 것이 항상 나에게도 좋고 남에게도 좋아야 한다는 것은 인과의 업을 좀 더 좋게 쌓기 위함입니다. 내가 짓는 인과에 따라 복이 되고 화가 되기도 하는 것은 정해진 규칙입니다.

당신은 하루하루 얼마나 좋은 인과를 쌓았습니까? 혹시 터무니없는 자존심으로 악업을 통한 나쁜 인과를 쌓지는 않았는지 곰곰 생각해봅시다.

산다는 것, 그것은 자기의 운명을 발견하는 일이다.
— 아르망 사라클의 연극 〈신은 알고 있다〉의 대사

운명은 화살처럼 날아온다

지난 과거를 찬찬히 되돌아보십시오. 인생의 중요한 터닝 포인트가 되었던 계기나 뭘 해도 운이 닿아 잘 풀렸던 기억이 있을 것입니다. 아니면 반대로 일이 잘 안 풀려 의기소침했던 우울한 기억도 있을 것입니다.

누구나 고민과 방황, 실패와 성공, 그리고 사랑과 이별의 아픔을 겪습니다. 이런 과거를 돌이켜보며 '그땐 왜 그랬을까, 이렇게 했어야 하는데……' 하며 후회와 한탄을 하기도 합니다. 그것이 인생입니다.

수많은 멘토의 조언을 귀담아 듣고 명언을 되새기며 열정과 정신을 불태워보지만 기회는 호락호락 오지 않습니다. 그러다가도 소 뒷발에 쥐 잡는 격으로 전혀 예기치 않은 기회가 떨어지기도 합니다. 이는 우리가 겪는 운명의 아이러니입니다.

우리는 흔히 '운'이라는 말을 의도하지 않았던 일이 좋게,

혹은 나쁘게 풀렸을 때 사용합니다.

"오늘 장사는 운이 좋았어. 운수대통이야!" 또는 "운이 없으려니까 뒤로 넘어져도 코가 깨지네!"라는 식으로 말합니다.

운이라는 것은 타이밍에 맞게 내 삶에 툭 떨어지는 것이 아닙니다. 하지만 우리 처지를 비교하게 만들고 때로 불행하게 만드는 사람들, 즉 잘나가는 사람들을 보면 '타이밍 참 잘 탔네' 하는 감탄이 절로 나옵니다.

그들과 나의 차이점을 요모조모 따져보며 '저 인간은 나와 다를 바 없고, 심지어 나보다 못한 것 같은데 왜 잘되는 거야?' 하며 시기와 질투의 감정을 품습니다. 부모 잘 만나 성공했거니 하면서 그들의 성공을 폄훼하려고도 합니다. 하지만 끝내 떨쳐버리기 힘든 궁금증은 성공하는 사람들 이면에 숨겨져 있는 성공 요인입니다. 그래서 대중들은 성공하는 사람들의 라이프 스토리와 성공 습관에 열광하는 것입니다.

대를 이어 가업을 잇고, 부유하고 번성한 가문을 이루고, 한 가문에서 뚜렷한 족적을 남긴 훌륭한 인물들을 배출하게 되는 것, 그 이면에는 인과율에 의해 진행되는 어떤 시나리

오가 숨겨져 있습니다. 잘되는 사람은 잘되고 못 되는 사람은 못 되는 것 또한 운명의 인과율을 제쳐놓고 설명할 수 없습니다.

부를 쌓고 대대손손 번성하고자 하는 바람은 누구나 원하지만 아무나 될 수 없는 것은 처음부터 모두에게 주어진 운명이 다르기 때문입니다. 모든 영혼들은 이 세상에 태어나 어떻게 살아야 할지의 목표가 다른데, 단순히 모두의 목적이 부를 쌓고 축적하는 것이 궁극의 목표가 되도록 세상의 시스템이 설정될 리가 없기 때문입니다.

"운명은 앞에서 날아오는 화살과도 같다"라는 성현의 말이 있는데 이것은 날아오는 화살은 타고난 명(命)이요, 피하기 나름은 변화 가능한 운이 아닐까 합니다. 따라서 주어진 운명이 있는데 무조건 인생 역전만을 꿈꾸는 것은 올바르지 못합니다.

똑같이 노력했는데 '누구는 잘되고 나는 왜 안 되는가'라는 한탄을 하기에 앞서 내게 주어진 운명을 먼저 알고 받아들이는 것부터 시작해야 합니다. 그리고 변화 가능한 부분에 도전하는 것입니다.

숙명은 그림자처럼 따라온다

'숙명'은 영화의 단골 테마입니다. 복수를 맹세하며 부모의 원수를 찾아 길을 떠나는 장면이나 적과의 혈투를 그린 장면을 쉽게 떠올릴 수 있을 것입니다. 적으로 결정된 운명, 또는 피할 수 없는 운명의 드라마는 극적 소재로 안성맞춤입니다.

"숙명은 뒤에서 날아오는 화살과도 같다"라고 합니다. RPG Role-Playing Game(역할 수행 게임)에서의 시나리오 퀘스트quest(게임 수행자가 해야 할 임무나 행동)처럼 무조건 수행해야 하는 것입니다.

숙명은 좀 더 선택적인 운명과는 다릅니다. 숙명과 운명이 다르다고 말하면 사람들은 보통 의아해합니다. 그 차이가 크게 실감나지 않기 때문입니다. 운명은 인간의 노력으로 변화 가능한 부분이 있지만 숙명은 인간의 노력으로 변화시키기 어렵다는 점에서 큰 차이가 있습니다.

《논어論語》의 '위정편為政篇'에 나오는 지천명知天命은 주어진 숙명을 일컫는 말입니다. 공자가 나이 쉰에 천명天命, 곧 하늘의 명령을 알았다고 해서 연유했지만 우리들은 공자가 아니기 때문에 삶의 이유보다 삶의 고뇌에 더 많은 것을 할애하고 있는지도 모르겠습니다.

숙명은 처음부터 주어진 그 무엇인데, 이는 인과율에 의한 전생 또는 내생에 걸쳐 이어지는 카르마의 고리입니다. 저는 힌두교의 카스트처럼 구원의 방편을 위한 봉사로서의 의미를 숙명이라고 정의하고자 합니다.

태어나면서 정해진 숙명의 토대 안에서 주어진 운명을 받아들이고 개척하려 노력하는 것이 삶의 본질인 것입니다.

이렇게 우리는 숙명과 운명이라는 조합 속에서 우리의 숙명을 어떻게 받아들이고 운명을 어떻게 좋은 방향으로 이끌어가고 변화시켜야 할지 고민하며 살아가는 것입니다.

천명을 모르는 자는 군자가 아니다.

— 공자

운명을 바꾸는 힘의 정체

우리 세계는 근본적이고 절대적인 하나에서 출발하여 샘에서 물이 흘러넘치듯 만물이 생성되었다고 합니다. 이는 고대 그리스의 철학자 플로티노스의 유출설流出說로서 무한 불변하는 근원적인 실체로부터 모든 존재는 우연적으로 유출되었다는 설입니다. 그래서 완전하고 절대적인 어떤 존재로부터 우리의 이성과 영혼, 물질이 생겨났다고 볼 수 있습니다.

그런데 요즘 사람들은 인생을 좌지우지하고 세상을 변화시키는 인간 내면의 힘에 관심이 높습니다. 경제경영, 심리학 분야에서 서구의 많은 학자와 저널리스트들은 이런 분야의 저술들을 쏟아내고 있습니다. 가장 성공적인 책은《시크릿》일 것입니다. MBC 김상운 기자가 지은《왓칭》도 주목할 만한 책입니다.

이런 유의 책들은 자신의 내면의 힘을 끌어올리면 인생

을 변화시킬 수 있다고 말합니다. 우리는 생각보다 훨씬 더 많은 능력을 가지고 있기에 내면의 힘을 어떻게 사용하고 발현하느냐에 따라 우리의 가능성은 무궁무진하게 열립니다.

《왓칭》을 보면 다음과 같은 내용이 나옵니다.

> 쌀로 지어진 밥에 긍정적인 메시지(감사, 사랑, 은혜 등)를 담은 단어를 유리병에 붙여두면 잘 발효된 누룩 냄새가 풍기는 반면, '증오', '망할 놈' 등의 부정적 메시지를 붙여둔 밥은 곰팡이가 슬고 검게 썩어서 악취가 진동했다.
> 이를 믿지 못했던 전 세계인들이 여러 나라 말로 직접 실험을 해보았지만 똑같은 결과가 나왔습니다.

이런 이야기가 들려주는 교훈은 자연은 모두 상호작용을 하는 개체라는 것입니다. 우리 내면에 존재하는 무궁무진한 심성心性이 작용한다면 변화는 커지고 세상을 변화시킬 수 있는 강력한 힘이 생깁니다. 우리가 세상을 어떻게 살아가느냐 하는 것은 결국 우리가 어떻게 마음먹느냐에 따라 달라질 수 있습니다.

우리의 정신은 우리를 둘러싼 세계에 아주 큰 영향을 주고 있을지도 모릅니다. 우리는 타인 및 세계와 보다 긴밀한 관계를 맺고 있습니다.

인생이라는 망망대해를 나아가는 우리에게 필요한 것은 긍정적인 자기 암시와 감사와 사랑의 마음이 아닐까요? 운명을 바꾸는 힘은 바로 당신 마음속에 있습니다.

**운명을 아는 자는 하늘을 원망하지 않고,
나를 아는 자는 남을 원망하지 않는다.**

— 유향

복권에 당첨되는 운은 따로 있나?

 로또 복권이 등장하면서 일확천금을 노리는 사람들이 늘어났습니다. 이런 경향은 불경기, 고용 불안, 빈부 격차가 커지면서 더 확산되는 듯합니다. 사람들은 복권 번호를 알아맞히고 싶어 하고 자신이 로또에 당첨될 사주팔자인지 궁금해합니다. 복권 번호를 알아맞히기 위해 점을 본다는 사람들도 있습니다.

결론부터 말하자면 주역은 도박이나 복권 등 요행을 바라는 일에는 효력을 발휘하지 못합니다. 우주의 절대 진리는 질서를 흐리는 우연이나 요행을 허용치 않습니다. 질서 밖의 일은 일어나기 힘들기 때문입니다.

제게도 가끔 주식시장의 흐름을 알려달라고 문의하는 분이 있습니다. 강의를 듣는 분 중에는 단기간에 몇 천만 원을 버는 분들도 있었습니다. 하지만 이런 운을 얻은 사람은 경기 흐름을 잘 예측하고 용기를 내어 믿고 투자한 결과입니다. 저도 미래 경기 전망이나 부동산 흐름에 대해 늘 주시하며 의견을 많이 내놓는 편입니다.

한국 경제의 미래에 대해 제가 의견을 내놓은 것을 5년간 죽 지켜봤다는 어떤 분이 저의 강의 내용을 기록하면서 통계를 내봤다고 합니다. 그 결과 약 90퍼센트 이상의 적중률을 보였다며 놀라는 분도 계십니다. 그러나 미래에 대한 저의 예측도 운이 좋아 적중한 것이고, 미래를 100퍼센트 예측하기란 정말 쉽지 않은 일입니다. 좀 더 정확한 예측을 위해 모든 역학 지식과 직관과 지혜를 총동원하는 것일 뿐입니다.

설령 백발백중의 적중률을 보였다 하더라도 역학을 요행을 얻기 위한 방편으로 이용해서는 곤란합니다. 사회와 우주의 질서를 어지럽히는 일은 철학적 지혜를 담은 역학에 반하는 일입니다.

역학은 인간사의 길흉화복을 다루는 만고의 지혜를 바탕으로 도덕적 수신, 깨달음을 고양시키는 학문입니다. 따라서 대의적인 관점에서 공익을 위하는 학문이라고도 볼 수 있는 것입니다.

복권이나 로또에 당첨되면 행복할 것 같지만 결코 행복만을 가져다주지 않습니다. 돈이 주는 행복은 유한하다는 것이 복권 당첨자들의 증언입니다. 당첨되는 순간은 모든 걸 얻은 것처럼 기쁘지만, 시간이 지나면서 욕심은 더 커지고 몸은 게을러지고 행복감은 점점 줄어듭니다. 몇 십억을 가진 사람은 몇 백억, 몇 천억을 가진 부자들을 부러워하며 그런 부자들이 되고 싶어 하면서 초라한 자신을 발견하게 됩니다. 하루아침에 일확천금을 얻은 사람들이 우울증에 잘 걸리는 이유가 여기에 있습니다.

그러므로 로또에 당첨되는 사주가 있을 거라는 생각은 하지 않는 것이 유익합니다. 우리가 교통사고를 당해서 사망할 확률은 9천 분의 1이고 1년 중 번개를 맞을 확률은 50만 분의 1입니다. 로또에 당첨될 확률은 번개를 맞을 확률보다 낮습니다.

현명하게 인생을 살아가는 사람들은 결코 요행을 바라지 않습니다. 노력도 안 하고 요행만 바라는 마음은 사기꾼의 마음과 같습니다.

정말 행복한 마음은 오늘도 수행하고 깨닫고 하루를 만족하는 삶에서 옵니다.

시간과 장소를 가려야 운이 풀린다

 운명에 대해 논할 때 많은 상담자들이 궁금해하는 질문이 있습니다.

"항공기가 추락해서 탑승자 전원이 사망했다고 하는데 이런 것도 사주에 나오나요?"

"자살한 것도 사주에 나오나요?"

결론부터 말하자면, 사주에 죽을 위험에 처한 사람들이 드러나긴 하지만 반드시 모든 사람들이 그렇지는 않습니다. 많은 연구 결과가 이를 밝히고 있습니다. 근대 명리학의 대가인 위천리韋千里 선생도 많은 경험적 사실을 통해 살아생전에 인간의 생과 사는 사주로 완벽하게 알기 힘들다고 보았습니다.

그렇다면 보통 사주에서 드러나는 나쁜 시기나 운, 피해야 할 위험에 대한 것을 어떻게 해석해야 할까요? 중요한 것은 선천적으로 타고난 운은 어쩔 수 없다 하더라도 후천적인 기운은 어떻게 대응하느냐에 따라 그 결과가 판이하게 드러납니다. 지금 우리가 개운을 이야기하는 이유는 바로 후천운에 대한 것입니다. 즉 후천운을 어떻게 다루고 대응하느냐에 따라 개인의 인생이 달라집니다.

인간의 운명은 천지인天地人의 조화로 이루어집니다. 비록 사주가 아무리 좋은 사람이라도 살지殺地 즉, 죽음의 장소 같은 나쁜 기운이 강한 곳에 있게 되면 운명의 조화가 깨지게 됩니다. 총알이 빗발치는 전쟁터는 서로가 서로를 죽이는 기운이 강한 장소이기에 타고난 운이 좋은 사람이 유리할 것 같지만, 이곳에 머무는 순간 죽지 않아도 될 사람이 죽을 수 있을 만큼 살지의 기운이 강합니다. 사고가 자주 나는 곳이나 귀신을 보았다는 말이 많이 나오는 장소 또한 살지의 기운이 크게 작용하는 곳입니다.

천지天地의 조화가 깨지는 것은 재해를 동반한 살지가 되고, 인人의 조화가 깨지는 것은 살지와 더불어 주체가 되는 사람의 나쁜 운이 들어맞았을 경우에 재앙을 동반하게 됩니다. 천지인의 조화가 모두 깨지면 대형 참사가 일어나게 되는 것입니다.

우리는 살지 또는 살기殺氣의 강도를 정확히 체크할 수는 없습니다. 하지만 피해갈 수 있는 방법은 사람이 많이 운집하는 장소나 사고가 많이 발생하는 장소를 가급적 피하는 것입니다. 이것의 원리는 사람이 많은 장소일수록 운이 좋지 않은 사람들이 많다는 것이고, 사고 다발 지역은 그 자체로 이미 살지이기 때문입니다.

시간과 장소는 사람의 운명을 좌지우지할 수 있는 매우 중요한 부분입니다.

주역에서도 사람은 시간과 장소 두 가지를 주의해야 한다고 강조합니다. 아주 좋은 환경의 아주 뛰어난 인재라도 때를 만나지 못하면 아무 소용이 없습니다. 때를 만나면 나쁜 상황이라도 가치를 발휘할 수 있게 되고, 귀하고 이름난 것일지라도 필요 없는 곳에 놓여 있다면 쓸모가 없어지게 됩니다. 돼지 목에 진주목걸이라는 말이 허투루 나온 것이 아닙니다.

있어야 할 시간, 있어야 할 장소에 있는 것이 가장 좋은데, 그래서 노자는 공자에게 이런 말을 했습니다.

> 군자가 때를 만나면 가마를 타지만 때를 만나지 못하면 머리에 물건을 이고 지나간다.

맹자도 이와 비슷한 이야기를 했습니다.

궁색하면 자신의 몸이나 닦고, 때에 이르면 천하를 다스린다.

자신의 운명에 보다 슬기롭게 대처하고자 하는 사람에게 시간과 장소는 매우 중요합니다. 같은 사주라도 힘든 시간에 대처하는 마음가짐과 태도에 따라 미래가 달라집니다. 그러므로 시간과 장소를 구별하는 지혜 또한 길러야 운명을 다룰 수 있습니다. 나아갈 때와 물러설 때를 알고, 좋고 나쁜 장소를 구별하는 것은 이미 운명을 변화시키고 있다는 증거입니다.

우주의 실체를 생각하라. 그 극히 작은 한 부분이 당신이다.
그리고 보편적인 시간을 생각하라.
그 극히 짧은 한 순간이 당신에게 주어져 있다.
그리고 운명에 의해 정해진 것들을 생각하라.
당신은 그 운명의 작은 한 부분이다.

— 《명상록》, 마르쿠스 아우렐리우스

제2막

운을 바꾸는 좋은 습관

역학으로 푸는 개운법

개운開運은 역학에서 흔히 사용하는 말입니다. 평소 우리는 어떠한 일이 꽉 막혀 있다가 해결되었을 때, 목욕을 하고 나서 몸이 아주 상쾌한 상태가 되었을 때 개운하다는 표현을 씁니다. 어질러진 집안을 깨끗하게 청소하거나 묵혀두었던 과제를 마무리했을 때도 개운하다고 합니다. 지금 예로 든 모든 상황이 실제적으로 막힌 운을 뚫어주는 개운에 큰 도움이 되는 행위들입니다.

개운법이란 운을 바꾸거나 움직여서 보다 좋은 방향으로 운을 유도하는 방법입니다. 여기서 운이란 우주에 흘러다니는 기운이나 힘의 세기로 볼 수 있습니다. 이러한 운은 인간 그 자체만이 아니라 그 사람을 포함한 주변 관계나 환경에도 커다란 영향을 미치는 절대적인 기운입니다.

가령 한 집안 가장의 운이 좋아지면 그 가정의 복록福祿이 늘어나고 시간이 흐를수록 가정을 이루고 있는 구성원들의 일이 잘 풀려나가며, 그 결과 가족 구성원들이 서로 화목해집니다. 회사의 대표나 오너의 운이 좋아지면 회사가 하는 일이 잘 풀려나가고, 좋은 인재들이 몰려들게 됩니다. 그 결과로 회사는 발전에 발전을 거듭하게 되는 것입니다.

 운은 기운과도 같아서 특정한 방향성을 가지고 나아가기를 좋아합니다. 이것은 마치 주식시장이 상승 추세에 도달하면 지속적으로 오르는 경우가 많듯이, 운이 한번 좋은 쪽으로 방향을 틀게 되면 계속 그러한 좋은 기운을 이어가려는 속성입니다. 당연히 그 반대의 상황도 마찬가지입니다. 나쁜 방향으로 운이 흘러가기 시작하면 계속 나쁜 쪽으로 꼬여가는 속성이 있습니다.

 이처럼 운은 어떤 방향성을 갖고 나아가려는 성향이 강하지만 그 힘이 영원히 지속되지는 않습니다. 운은 고정된 것이 아니라 파도처럼 끊임없이 움직이는 것이기 때문입니다. 예로부터 내려오는 속담을 보면 아무리 가난해도 삼대를 이어가면서 가난하기는 쉽지 않으며, 그 반대로 부자가 삼대를 이어가기 힘들다는 말이 나온 것도 이러한 운의 속성을 반영한 것입니다.

 따라서 개운법이라는 것은 이러한 운이 가지는 속성을 파악하여 운이 운명에 미치는 힘의 방향이나 흐름을 유도하기 위해 인간이 만들어낸 오랜 연구와 노력의 결과물입니다. 서구에서는 이러한 개운법이 성공학이나 자기계발 서적으로 무수히 소개되었으나 그 본질을 제대로 파악하지 못했다는 느낌이 매우 강하게 듭니다. 단순히 우주의 중심이고 나는 잘될 것이라는 주문을 외운다고 성공하는 것은 아닙니다. 그러한 행위도 개운법의 한 방법으로서 성공하기 위한 필요조건 중의 하나는 될 수 있을 것입니다. 하지만 그 자체가 필요충분하므로 더 이상의 개운법이 없다는 생각은 오류입니다.

우리가 잘못 알고 있는 또 다른 선입견은 개운을 하기 위해서는 특정한 자격을 가진 사람들이 종교적이거나 주술적인 행동을 해야만 한다는 것입니다. 그러한 선입견이 생긴 이유는 특정 소수 계층의 사람들이 자신들의 권능을 부각시키기 위하여 개운과 운명 개척에 관한 영역을 일반인들이 건드려서는 안 되는 금기라고 생각하도록 주입시켰기 때문입니다.

이러한 세뇌교육에는 운명을 개척할 수 있는 개인의 권리와 능력을 부정하고 주어진 운명에 순응하라는 지배세력과 종교 집단의 의도가 숨어 있습니다. 그러한 연유로 특정 종교에서는 운명이라는 영역을 점복술이나 미신으로 치부하여 폄하하고 믿을 수 없는 것으로 가르칩니다.

다음에 나타내는 예시들은 동양에서 개운법을 위해 사용한 다양한 방법들을 나열한 것입니다. 일부는 전문성을 필요로 하는 것도 있으나 반드시 그렇지는 않고 이 중 몇 가지만 실천하더라도 나쁜 운이 점차 좋은 운으로 변화하는 것을 수없이 많이 검증하였습니다.

1. 귀인貴人을 찾는 것입니다. 어떤 사람이 귀인인지 잘 모르겠다면 운명적으로 나를 이끌어주는 사람을 찾으면 됩니다. 절대자인 조물주는 우리들의 영혼 깊숙이 진실한 인연을 찾는 힘을 심어주셨습니다. 귀인에게 진심으로 도움을 청하고 귀인의 가르침을 마음 깊숙이 새겨 실천하면 능히 개운할 수 있습니다. 이 방법이 개운법 중에서 가장 중요하고 효과가 큰 방법입니다. 귀인을 따르는 개운법이 얼마나 중요하고 대단했는지는 옛 성현聖賢 중에서 석가모니와 예수를 살펴보면 알 수 있습니다. 그들을 따랐던 제자들에게 전한 말에서 이해할 수 있습니다. 훌륭한 스승에게 제자가 되기를 청하고 인연을 맺는 것은 하늘의 축복이 내린 것입니다. 귀인이 반드시 스승이나 참모의 형태로 나타나는 것만은 아닙니다. 때로는 배우자로 나타날 수도 있고, 직장 상사가

될 수도 있으며, 한편으로는 자식이나 라이벌로 나타날 수도 있습니다. 그러므로 신분이나 나이, 지위에 구애받지 말고 항상 좋은 귀인을 만나기 위해 깨어 있으시기 바랍니다.

2. 좋은 종교를 가지는 것도 개운 효과가 크게 나타납니다. 자신의 진심을 담아 절실한 기도를 지속하는 행위는 가장 전통적이면서도 오래된 개운법입니다. 기도를 하는 사람이 기가 맑고 좋은 장소와 시간에 기도를 올리는 경우 개운의 효과가 더욱더 크게 나타납니다. 종교는 마음의 발현을 통해 자신이 소원하는 바를 이루는 것이 목표이므로 바른 기도야말로 깨달음으로 통하는 하나의 도구가 될 수 있습니다. 평상시에는 조용하고 청정한 장소에서 기도를 하는 것으로도 충분히 개운의 효과가 있지만, 만약 원하는 목표가 크다면 기도의 효과가 좋은 장소를 찾아가는 것이 좋습니다. 속칭 '기도발'이 좋은 장소에서 기도를 올리는 것입니다. 인간 세상의 부귀를 누리기 위한 기운을 많이 받을 수 있는 장소로는 산이 가장 좋습니다. 사람은 땅 위에 사는 존재로서 땅의 기운은 대부분 산세를 타고 흐르기 때문입니다. 가급적이면 오래된 절이나 사원이 자리 잡고 있는 곳에서 기도

를 하시기 바랍니다.

3. 선업善業을 쌓아나가는 방법도 개운을 위해서 좋습니다. 수많은 사람들이 행하는 적선 행위가 바로 여기에 해당합니다. 선업을 쌓음에 있어서 가장 좋은 것은 타인이 모르게 하는 것입니다. 타인에게 구태여 알리려 노력하지는 않지만 내심 알아주기를 기대하는 마음이 있다면 개운의 효과는 반감됩니다. 다만 선행을 널리 알려서 보다 많은 사람들이 기부나 적선 등의 선한 행동을 하도록 유도하는 행위는 선업 중에서도 최고로 치는 것입니다. 이러한 과정을 우리는 적선공덕積善功德이라고 부릅니다.

4. 기도를 통해 마음을 수련하고 우주에 명령을 내리는 방법이 있습니다. 흔히 깊은 산중에서 홀로 도를 닦는 사람들이나 닦았다는 사람들을 종종 볼 수 있습니다. 천지인의 기운이 좋은 깊은 산중에서 마음을 수련하여 도를 닦는 행위는 효과가 좋은 반면에 자칫하면 주화입마走火入魔에 빠져 이단異端적 생각을 갖게 되거나 광인狂人이 되어버리는 위험이 잠재합니다. 따라서 마음을 수련하기 위해서 깊은 산속이

나 자연 속에서 마음대로 도를 닦는 행위는 매우 조심스럽게 행해야 합니다.

기도를 하기 위해 반드시 깊은 산속에 들어가지 않아도 무방합니다. 우리가 살고 있는 현실에서 우주에 명령을 내리는 방법이 서구에서 널리 알려진 일반적인 개운법입니다. 《시크릿》이라는 세계적인 베스트셀러도 이러한 기도를 통해서 우주에 명령을 내리는 개운 방법을 설명하고 있습니다.

운명은 그 사람의 성격이 만드는 것이다.
그리고 성격은 그 사람의 일상의 습관이 만드는 것이다.
따라서 오늘 하루 좋은 행동의 씨를 뿌려서
좋은 습관을 거두어 들이도록 해야 한다.
좋은 습관으로 성격을 다스리면 그때부터 운명은 새로운 문을 열 것이다.

― 토머스 데커

사고의 전환은 운명을 바꾼다

일본 헤이안 시대를 배경으로 한 〈라쇼몽羅生門〉이라는 영화가 있습니다. 살인 사건에 연루된 산적과 무사 그리고 피살자의 아내와 목격자인 나무꾼이 등장해 각자의 이해관계에 따라 사건 현장을 증언하는 스토리입니다. 살인 사건을 놓고 이해관계가 얽힌 사람들이 쏟아내는 이야기는 인간 내면에 도사리고 있는 선과 악의 이중성을 보여줍니다.

모든 개인은 자신의 이익을 위해 보고 싶은 것만 보고 말하고 싶은 것만 말하기 때문에 인간 세계에서 진실은 쉽게 묻히며, 우리가 알고 있는 것은 진실이 아닌 허상에 불과하다는 비관적인 메시지를 담고 있습니다.

이 영화에서 유래하여 '라쇼몽 효과'라는 용어가 생겼는데, 이는 동일한 사건에 대해 서로 다른 입장으로 해석하면서 본질 자체를 다르게 인식하는 현상입니다.

그러면 라쇼몽 효과를 이용해 우리의 운명을 인위적으로 바꿀 수 있지 않을까 생각해봅니다.

운명을 개척하는 사람과 운명에 순응하며 살아가는 사람에게 라쇼몽 효과의 차이는 무엇일까요?

스티브 잡스의 전기에 쓰여 있는 메시지가 눈길을 끕니다.

세상을 바꿀 수 있다고 생각할 만큼 미친 사람들이 결국 세상을 바꾸는 사람들이다.

어린 시절 부모에게 버림 받은 트라우마가 평생을 따라다니며 잡스의 인생에 영향을 끼쳤습니다. 반면에 트라우마를 극복하기 위해 난관에 맞서서 문제를 해결했고 도전하여 불행을 행운으로 바꾼 흔적들이 많습니다.

히피문화와 선禪 사상에 빠지기도 한 잡스의 구도적인 마인드는 전혀 이질적인 전자공학이라는 분야와 결합하면서 아이폰 같은 희대의 걸작을 만들어냈습니다. 스스로를 상당히 똑똑한 아이였다고 당당히 말하는 태도, 자기의 생각만을 앞세우고 자신의 이상을 완벽하게 구현하기 위해 모든 수단을 동원한 그의 열정은 가장 위대한 IT 혁명을 이끌어냈습니다.

라쇼몽 효과는 자신의 운명을 긍정적으로 바꾸려는 인간의 본능 심리에서 비롯됩니다. 개척하고 노력하고 나아가는 것은 인간 삶의 투쟁의 길입니다. 하지만 운명을 단적으로만 바라보는 시선이 꼭 옳지만은 않습니다. 잡스가 운명에 눈을 떴더라면 그는 라쇼몽 효과만이 아니라 운명에 대한 지혜까지도 열지 않았을까요?

이제 자신의 운명을 바꾸는 라쇼몽 효과를 시도해봅시다.

1. 과거의 아픈 기억보다 건전하고 바른 기억들로 자신을 채우도록 노력한다. (자기 최면)
2. 나는 우주의 중심이고 세상은 모두 나를 중심으로 돌아가며, 내가 없는 이 세상은 내겐 큰 의미가 없다. (자아 정립)
3. 가깝게는 나의 가족을 비롯하여 나아가서는 이 사회에 나는 반드시 필요한 존재이며, 다만 현재 세상이 나의 가치를 모를 뿐이다. (초자아의 확대)
4. 나의 지혜가 부족하면 책이나 인터넷, 스승 등을 통해서 부족함을 배우고 보완하려고 노력하기에 나는 조금씩 발전하는 삶을 살아갈 것이다. (자신에 대한 신뢰)
5. 나는 꽤 괜찮은 사람이고 나는 반드시 행복해진다. (미래에 대한 희망)

죽을 만큼 힘든 사람들의
7가지 습관

어떤 청취자가 라디오 프로그램에 보내온 사연을 들은 적이 있습니다. 그 분은 자신의 사연을 이야기하며 "이별하기에 좋은 날씨"라는 글귀를 써 보냈습니다. 라디오 DJ는 "네, 정말로 이별하기에 좋은 날씨네요"라고 응수하며 "참 긍정적인 사고방식을 가지신 청취자"라고 덧붙였습니다. '참 신선한 생각'이라고 감탄하게 되었습니다.

이렇듯 삶의 곤란 앞에서도 유머를 잃지 않고 상황을 비틀어서 바라보고 다르게 생각하는 트릭을 가져보는 것도 삶의 감각입니다. 이런 감각도 습관입니다. 우리가 행복해지는 것도 습관이고 힘든 것도 습관입니다. 이것은 제가 많은 상담자들을 겪으며 깨달은 경험적 지식입니다. 인생살이에서 쉬운 건 없습니다. 누구나 다 마찬가지입니다. 힘들다 힘들다 생각하면 정말 더 힘듭니다.

세계 최고 부자인 워렌 버핏이 흔히 하는 말이 바로 "나는 행운아다"라고 합니다. 어려움 속에서도 성공하는 이유는 매사에 긍정적이고 삶을 한쪽으로만 치우쳐 보지 않는 사고방식에 있습니다. 삶은 한 길이 아니고 두 길도 아닙니다. 우리가 가는 길이 모두 다 길입니다. 그러므로 자신이 칼자루를 쥐고 있는 것이며, 그래서 절망할 필요도 없는 것입니다.

좋은 생각은 행운을 부르고 나쁜 생각은 불행을 부릅니다.

몸과 마음이 지칠 대로 지쳐 저를 찾아오는 분들 중에 "죽을 만큼 힘들다"고 말하는 사람이 많습니다. 그들의 이야기를 듣고 있으면 공통점이 너무 많습니다. 그들의 죽을 만큼 힘든 7가지 습관을 공개해볼까 합니다.

7가지를 읽으며 정말 자신이 힘들다고 생각하는 사람은 자신을 돌아보며 새로운 삶의 안목을 갖게 될 것입니다. 마음속으로 새기며 읽어보시기 바랍니다.

1. 제대로 해보지도 않고 '지쳤다'고 말하기 좋아한다.
2. '아무리 생각해도 길이 없다'고 생각하는 쪽이다.
3. '죽으면 모든 것이 끝나고 편할 것이다'라고 생각해버리는 게 편하다.
4. "나는 이렇게 성공했다"로 시작하는 남의 이야기를 들으면

코웃음을 치거나 별로 믿지 않는 편이다.
5. 내가 무엇을 좋아하고 원하는지를 제대로 모르면서 살고 있다.
6. 5번의 문제가 왜 잘못인지 잘 모르고, 지금도 별로 고칠 생각이 없다.
7. '아무리 변하려고 마음먹어도 어렵다'고 생각해버리는 게 편하다. 그리고 '나는 좋은 일이 안 생길 거야'라고 지레짐작해버린다.

위의 습관 중 자신은 몇 가지나 해당되는지 체크해보십시오.

해당 항목이 많을수록 '죽을 만큼 힘든' 위험한 단계입니다. 물론 죽을 만큼 힘든 단계는 오로지 자신이 만들어낸 추상적인 관념일 뿐입니다.

자, 이제 자신이 힘든 이유를 알았다면 앞으로는 개운을 위해 한 달에 한 가지씩 나쁜 습관을 고쳐나가는 건 어떨까요?

숨어 있는 자신의 잠재능력
끌어올리기

 지금 이 순간 내게 가장 필요한 건 뭘까?

평범한 사람은 자기 자신이 가지고 있는 잠재능력의 단 10퍼센트만 활용하고 있을 뿐이다.

세계적인 동기부여가 앤서니 라빈스가 2만여 명의 청중 앞에서 했던 말입니다. 뉴욕 메디슨 스퀘어 가든에서 열린 '어떻게 하면 삶을 보다 열정적으로 살 수 있을까?'라는 주제 강연에서의 핵심 키워드였습니다. 이 강연에서 그는 8백만 달러가 넘는 수입을 올렸습니다. 한 지역 방송국의 리포터로 평범하게 살다가 수많은 사람들에게 '성공 키워드'를 전달하는 세계적인 메신저로 명성을 누릴 수 있었던 비결은 삶에 대한 열정과 호기심이었습니다.

제가 역학 이야기를 통해 전하고자 하는 것도 운명과 삶에 대한 긍정과 열정입니다. 앤서니 라빈스는 리포터로 일하는 동안 다른 사람들의 인생과 미래에 관심을 갖기 시작했습니다. 그들의 성공, 혹은 실패 요인이 무엇인지 분석한 결과 성공한 사람과 실패한 사람의 차이는 백지 한 장 차이라는 사실을 발견했다는 것입니다.

대부분의 사람들은 아는 길로만 가려는 습성이 있습니다. 자신이 가보지 않은 길, 이제껏 경험해보지 못한 일에 대해선 선뜻 걸음을 내딛으려고 하지 않습니다. 마치 우물 안의 개구리처럼 말입니다.

지금 자신에게 물어보십시오.

항상 과거를 사는 잘못을 저지르고 있지는 않은가?

지나간 일을 후회하고 고민해보아도 아무런 도움이 되지 않습니다. 필요한 것은 바로 지금입니다. 현재를 살아야 합니다.

부정적으로 살아서 남는 것은 무엇인가?

삶을 부정해봐야 도움이 되는 것은 아무것도 없습니다. 긍정의 선택을 함으로써 아픔을 경험할 수 있겠으나, 무언가를 하는 것은 아무것도 하지 않는 것보다 훨씬 더 나은 삶입니다.

신념을 가진 사람은 자신의 능력을 의심하지 않습니다. 성공적인 자아의 주인공은 선택의 기로에 설 때마다 주저하거나 머뭇거리지 않고 소신껏 행동합니다. 성공적 자아의 대답은 언제나 '예스'였고, 시작은 항상 '지금'이었습니다.

**재산을 잃는 것은 일부를 잃는 것이고
명예를 잃는 것은 많은 것을 잃는 것이나
자신감을 잃는 것은 모든 것을 잃는 것이다.**

― 괴테

운을 버는 방법

성공한 많은 사람들은 흔히 자신이 운이 좋았다고 말합니다. 저의 지인인 한 검사는 인생의 성공이 부모님의 희생과 노력 덕분이라고 얘기하면서도 모든 것이 운 좋아 생긴 일이라며 겸양을 보여줍니다. 국내 최고의 법과대학을 상위 성적으로 졸업하고 지금의 아내를 만나 사법고시를 합격하는 과정에 매번 운이 따라주었다고 온화하게 말합니다. 항상 웃는 인상의 이 검사는 검사장, 더 나아가 검찰총장까지도 내다볼 수 있는 관상을 가졌습니다.

여기서, 운을 버는 방법 첫번째는 '운'을 좋게 만드는 기술입니다. 성공하려면 운이 있어야 하고, 운은 훈련과 노력, 그리고 성공 확신을 통해 만들어집니다. 성공 확신은 성공 경험이 자신의 기억 데이터에 반복적으로 저장되어 만들어지고, 뇌의 편도가 쾌감과 즐거움을 느낄 때 활성화됩니다. 그리고 긍정적인 에너지가 쌓여 좋은 '운'이라는 성과로 도출되는 것입니다.

좋은 사람들을 만나면서 실감하게 되는 운을 버는 방법 두 번째는 유머 감각이 있는 사람이 운도 잘 따른다는 것입니다. 유머는 삶의 무기입니다. 유머는 좋은 사람들을 끌어 모으게 하는 힘이 있습니다. 그것은 유머가 우리 삶을 저절로 고양시키는 역할을 하기 때문입니다. 각박하고 찌든 생활에서 잠깐이나마 벗어날 수 있게 해주는 찰나의 웃음, 힘들고 고통스러운 삶을 소화할 수 있게 해주는 촌철살인의 유머, 이는 우리 삶을 창조적으로 나아갈 수 있게 해줍니다. 정말 대단한 기능이 아닐 수 없습니다. 그래서 요즘 뜨는 대중문화 코드가 바로 유머입니다. 많은 대중오락 생산자들이 유머 코드를 창조해내기 위해 노력하는 것도 이런 유머의 놀라운 효용성 때문입니다.

유머의 미덕은 타인을 즐겁게 만든다는 데 있습니다. 유머는 기본적으로 상대방에 대한 애정과 관심이 있어야 가능합니다. 남을 즐겁게 하기 이전에 중요한 것은 자신이 즐거운 사람이어야 한다는 것입니다. 이는 분명 쉽지 않은 일입니다. 유머러스한 사람이 되기란 쉽지 않습니다. 하지만 타인과 세상에 대한 관심을 바탕으로 새로운 생각을 추구해나가면 유머가 열리기 시작합니다.

우리의 뇌는 참 신비롭고 한편으로는 참 바보같이 단순합니다. 실제로 즐겁지 않더라도 억지로라도 웃으면 근육의 움직임을 보고 우리의 뇌는 이렇게 판단한다고 합니다. '나의 주인이 지금 행복한가 보군.' 그러고는 행복 호르몬인 엔돌핀을 마구 뿜어낸다고 합니다. 경우에 따라서는 엔돌핀의 4천 배의 치유효과가 있는 기적의 호르몬인 다이돌핀도 나온다고 하니 유머를 통해 웃고 즐기는 삶이야말로 운을 버는 최고의 방법이 되는 것입니다.

운을 버는 또 다른 방법으로는 바쁘고 정신없이 살아가는 것입니다. 실제로 이런 사람일수록 우울증이 적다고 하는데, 그 이유는 해결해야 할 일들이 쌓여 있는 상태에서는 근심과 걱정을 할 여유가 없기 때문입니다. 2014년 대한민국 50대 남성들의 21퍼센트, 60대 남성들의 17퍼센트가 우울증으로 고생한다는 연구결과가 있습니다. 이러한 우울증은 결국 자살이라는 비참한 결말로 이끄는 경우가 많습니다. 이들은 모두 운을 버는 방법을 잃어버렸기 때문에 삶에 대한 감각과 가능성을 느낄 수도 찾을 수도 없습니다. 운을 벌기 위해서는 열심히 살아가는 태도가 필요합니다. 과거에 자신이 무엇을 했든 상관없이 문제는 지금 내가 할 일이 있느냐는 것입니다.

체면만 버린다면 할 수 있는 일은 무수히 많습니다. 서울의 사범대를 졸업하고 박사학위, 교사, 교감, 장학관, 대학교수로 72세까지 열심히 살던 분이 집에서 노느니 지하철 택배라도 하겠다며 열심히 뛰어다니면서 살아가는 모습을 보면, 이런 분들이야말로 운을 버는 방법을 아는 분이라는 생각이 듭니다.

영하 10도를 밑도는 추운 아침 시장에 출근하여 장사를 하는 어느 아주머니를 보고 방송국 PD가 힘들지 않느냐고 물었습니다.

"겨울에 추운데 새벽에 나와서 일하시는 거 힘들지 않으세요?"

"힘은 무신 힘이 드노! 삼시 세 끼 밥 안 굶고, 그래도 이거 해서 아~들 다 키웠뿟따 아이가."

이런 분들을 보면 행복은 자신의 마음속에 있다는 생각을 거듭하게 됩니다. 이러한 생각은 머리로는 알기 쉽지만 마음으로 느끼고 몸으로 행하기가 참으로 힘듭니다. 즐겁고 행복하게 주어진 여건에서 최선을 다하다 보면 자연히 운을 버는 방법을 터득하게 됩니다.

성공적 자아를 만드는 방법

 성공적인 인생을 살아왔다고 자부하다가 자기의 삶을 새롭게 보게 된 어느 부인의 고백입니다.

"저는 어려서부터 모든 분야에서 최고가 되길 원했어요. 젊었을 때는 다른 사람보다 돋보이려고 외모에 많은 신경을 썼고, 27세에 결혼을 하고는 아이들도 최고로 만들기 위해 극성 엄마로 살았어요. 나이가 들면서는 능력 있는 사람이 되려고 열심히 배우며, 각종 모임과 외부활동에 모든 에너지를 쏟았지요. 그렇게 삶의 목표를 갖고 살다 보니 돈도 생기고 주변에서 나름 인정받는 주부가 되어 있더군요.

그러나 행복하다는 생각은 별로 든 적이 없었어요. 열심히 살았지만 저 자신을 돌보지 않아 평소 좋지 않던 몸에 큰 문제가 생기기 시작했기 때문이에요. 살아온 지난날들을 '후회'라는 한마디로 표현하고 싶지는 않지만 너무 열심히만 살았던 것 같아요. 지금 저는 인생의 후반기를 병원에서 보내고 있어요.

건강을 잃고 나니 돈도 인정도 모두 소용없더군요……."

철학박사 찰스 메르시에카는 "우리가 갖고 있는 대부분의 질병은 주로 불필요한 욕망과 걱정, 스트레스에서 나온다"라고 말했습니다. 사람들은 백 살도 살지 못하면서 마치 영원히 살 것처럼 걱정하고 살아갑니다. 열심히 살면서 성공하는 것도 중요하지만 결코 보상받을 수 없는 두 가지 중요한 것을 놓쳐서는 안 됩니다.

첫 번째는 마음이 건강해지는 것이고, 두 번째는 몸이 건강해지는 것입니다. 마음이 건강해야 진정한 건강을 얻을 수 있습니다. 마음의 건강을 찾는 방법은 어려워 보이지만 사실 간단합니다. '마음을 비우는 것. 그리고 그 빈틈을 사랑으로 채우는 것'입니다. 그 바탕 위에서 성공적인 자아가 만들어지게 됩니다.

우리들 마음속의 병은 욕심과 스트레스에서 비롯됩니다. 우리가 너무도 잘 아는 당연한 말이 바로 알면서도 벗어날 수 없다는 것입니다. 우리가 알고 있는 '마음'의 실체는 사실 우리의 뇌가 만들어낸 가짜 마음입니다. 우리가 알고 있는 세상이 실제 세상이 아니라 각자의 뇌가 구성한 세상이라는 것입니다. 결국 우리 마음이 이 세상을 창조한 것입니다. 그렇다면 진실은 우리가 세상을 제대로 보고 제대로 사는 가운데 얻어질 수 있습니다.

우리가 살고 있는 거짓 세상에서 진정한 나의 마음, '참나'를 찾으려면 어떻게 해야 할까요?

1. 육체는 유한하고 물질은 덧없음을 깨닫습니다.
2. 모든 욕망은 유한하고 세상에 존재하는 욕심들은 모두 덧없음을 깨닫습니다.
3. 마음을 비우기 시작합니다.
4. 비워진 마음을 그대로 두면 다른 존재들이 들어오니 그 곳을 사랑으로 채우기 시작합니다.

이어, 사랑으로 마음을 채우는 방법입니다.

1. 이 세상의 모든 생명 있는 것들을 존중합니다.
2. 기도하고 감사하는 마음을 일깨웁니다.
3. 내가 좋아하는 대상부터 사랑하기 시작합니다.
4. 대가를 바라지 않고 사랑하도록 노력합니다(산을 좋아하는 사람이 산에게 대가를 바라지 않듯이 그렇게 사랑합니다).

5. 지금 스스로 행복해지도록 마음을 먹어봅니다.
6. 지금 행복한 자신과 현재를 사랑합니다.
7. 이러한 사랑을 주위에 전파하도록 합니다.

또한 우리는 마음만이 아니라 이 세상에 머무는 동안 진정한 내가 거처하는 장소인 나의 몸을 돌보는 것도 그에 못지않게 중요합니다.

몸을 돌보는 방법은 다음과 같습니다.

1. 욕심을 부리지 않고 절제하는 삶을 실천합니다. 3과(과음, 과식, 과로)를 멀리합니다.
2. 규칙적인 생활을 지켜나갑니다(규칙적으로 자고, 규칙적으로 먹으며, 규칙적으로 잠자리에 듭니다). 독일 국가대표 축구선수들의 선수 평균수명이 긴 이유는 규칙적인 생활에 있다고 합니다.
3. 크게 무리하지 않으면서 부지런히 자주 움직이도록 노력합니다. 나이가 들어도 열심히 움직여야 건강해집니다. 활동하지 않는 그 순간부터 우리의 몸과 마음은 늙어갑니다. 항상 즐겁게 활동하십시오.
4. 몸을 청결하게 유지합니다. 몸을 깨끗하게 만드는 청결한

생활은 몸을 건강하게 만들 뿐 아니라 막힌 운도 열어주는 작용력이 매우 강합니다. 운이 잘 안 풀리는 분들은 자주 씻으십시오.

5. 음식을 정말 맛있게 그러나 약간 배고프게 먹습니다. 반드시 몸에 좋은 웰빙 음식을 먹습니다.
6. 먹은 음식이 잘 소화되도록 스트레스를 조절합니다.
7. 건강한 배변과 배설을 합니다.
8. 이 모든 것들을 게으름 피우지 말고 무조건 실천하고 노력합니다. 지금 당장!

이러한 노력들로 진정한 나를 깨우쳐 삶을 주체적으로 살게 되면 자아실현에 도달해 성공적인 인생을 살게 됩니다.

**운명은 우리 행위의 절반을 지배하고
다른 절반은 우리 자신에 맡긴다.**

— 마키아벨리

예절은 운과 연결되어 있다

서구인들과 길거리에서 눈이 마주치면 조금 당황하게 됩니다. "굿모닝", "헬로" 스스럼없이 인사하며 미소를 띠우는 서구인들의 인사법이 낯설게 느껴집니다. 우리는 모르는 사람과는 눈도 잘 마주치지 않는 게 보통입니다.

사람들 표정이나 예절을 보면 그 나라의 분위기가 보입니다. 미묘한 정치적, 사회적 분위기까지 읽을 수 있습니다. 자유가 제한되어 있는 국가나 공포정치가 만연한 국가에서는 사람들의 얼굴 표정이 다소 경직되어 있습니다. 이는 권력이나 권위가 지배하고 있어 사람들이 자신들의 견해나 마음을 제대로 표현하지 못하고 자유로운 커뮤니케이션이 제한되기 때문입니다.

지금까지 강의를 하면서 깨달은 사실이 하나 있는데, 인사를 잘하는 사람, 관계의 마무리를 잘하는 사람이 운도 잘 풀린다는 것입니다. 집안이 화목하거나 장사가 잘되는 가게 주인이나 구성원들은 표정과 인사성이 좋습니다. 그러다 보니 저는 인사하는 상대방의 태도와 관상을 보고 그 사람의 현재의 운을 파악하는 습관이 생겼습니다.

인사성이 운에 미치는 영향을 살펴봅시다.

- 밝은 표정으로 진심을 담아서 인사하는 사람에게 좋은 운이 따릅니다.
- 밝은 표정으로 형식적인 인사를 하는 사람은 운이 오지만 금방 도망갑니다.
- 평범한 인사를 하는 사람은 약간의 운만 붙습니다.
- 마지못해 쭈뼛쭈뼛 인사를 하는 사람에겐 기회가 와도 자신이 놓쳐버립니다.
- 인사를 안 하는 사람은 조만간 힘든 시기나 운의 하락기가 닥쳐옵니다. 인사를 안 하는 사람은 그 자신이 힘들 때 주변에 도와줄 사람이 없는 것이 이유이기도 합니다.

진심을 담아서 인사하는 연습을 해보십시오. 당신의 운이 바뀝니다.

준비된 사람만이 행운의 주인공이 된다

미국의 레이 크록은 밀크셰이크 기계를 파는 영업사원으로 그럭저럭 살고 있었습니다. 어느 날 캘리포니아 주에서 햄버거를 파는 리처드와 모리스 맥도날드 형제에게 기계를 10대나 팔았습니다. 맥도날드 형제의 식당을 둘러보다가 레이 크록은 이렇게 중얼거렸습니다.

"만약 맥도날드 형제가 가게를 확장한다면 많은 기계를 팔 수 있겠군."

레이 크록은 맥도날드 형제의 햄버거 가게에서 패스트푸드 사업이라는 아이디어를 떠올렸습니다. 당시 맥도날드가 만드는 햄버거는 단 1분 만에 나왔고 가격도 매우 저렴했습니다. 풀코스 레스토랑만 있었던 당시 외식사업 분야에서 맥도날드처럼 햄버거, 감자튀김, 청량음료를 위주로 한 식당은 없었습니다.

레이는 식당 주인인 맥도날드 형제에게 사업을 같이하자고 제안했으나 형제는 "지금 생활에 만족하는데 왜 굳이 무리를 해야 하지?"라며 거절했습니다. 그러다가 1954년 레이는 마침내 맥도날드 형제를 설득하여 M자 마크와 상호, 그리고 전 세계 체인망을 만드는 데 필요한 소유권을 단돈 950달러에 사들였고, 맥도날드 햄버거를 대대적으로 홍보했습니다.

맥도날드 형제는 지지리 운이 없는 사람들이었습니다. 자신들의 이름이 전 세계에 걸리고 아이디어가 대박을 쳤지만 레이 크록만이 어마어마한 돈을 벌어들이고 있었기 때문입니다. 맥도날드 형제는 자신들이 창안한 아이디어에 대한 확신이 없었고, 세계 인구의 절반 이상이 맥도날드 햄버거를 먹게 되리라곤 상상도 못했기에 스스로 굴러 들어온 복을 차버렸던 것입니다.

행운은 사람들에게 동일한 기회를 부여해도 그 행운의 주인공이 달라질 수 있다는 것을 보여준 단적인 예입니다. 행운을 받아들일 준비가 되어 있는 사람만이 행운의 주인공이 됩니다. 다른 삶의 자세와 선택에 따라 행운은 다른 가치로 드러납니다.

그렇다고 우리는 단순히 행운을 신봉해서는 안 됩니다. 그러한 행운을 나의 것으로 만들기 위해서는 부단히 노력하고 자신을 갈고 닦아야 합니다. 행운은 결국 꿈꾸고 준비하는 사람의 것이기 때문입니다.

믿고 행동하면 이루어진다

삶의 밑바닥까지 내려갔다가 절망을 딛고 일어나 기적처럼 정상의 자리에 오른 사람들의 이야기를 종종 접하곤 합니다. 그들을 밑바닥까지 끌어내렸던 절망도, 성공을 불러온 에너지도 실은 그 사람 내부에 있습니다. 즉, 모든 문제와 해답은 우리 내부에 있는 것입니다.

비슷한 실패를 겪었던 다른 많은 사람들과 달리 그들이 성공을 거둘 수 있었던 요인은 특별한 게 아니었습니다. 남들이 절망과 좌절, 두려움이라는 삶의 부산물을 떨치지 못해 갈팡질팡하는 사이, 그들은 아주 진지하게 자신의 내부를 들여다본 것입니다.

살다 보면 뜻하지 않게 인생의 복병을 만나게 되는 순간이 있습니다. 열심히 한다고 했는데 되는 일은 없고, 새로운 일을 찾기에도 너무 늦었다고 생각되는 순간 '왜 하필 나한테만 이런 불행이 생기는지 모르겠다'고 투덜거리게 됩니다.

그런 당신에게 성공적인 자아는 가만히 속삭입니다.

'걱정하지 마. 다 잘 될 거야. 조금만 더 힘내라.'

상담을 하다 보면, 자신의 성공적인 자아를 키우기 위해서 봉사와 자선이 필요한 사람들을 만나게 됩니다. 이들과 함께 어떻게 하면 더 보람되고 발전적인 봉사활동을 할 수 있을까 오랫동안 고민을 했습니다. 외국처럼 기부문화가 발전하지 못하는 이유도 인식하게 되었습니다. 거기에는 많은 이유가 있겠지만 기부금이 어떻게 모금되고 어떻게 사용되는지 기부금 운용이 불투명하기 때문이라는 것이었습니다.

이에 뜻을 같이하는 사람들이 모여 자금 내역을 투명하게 관리하면서 사회공헌 활동과 자원봉사 일을 도모해보기로 했습니다. 그래서 2013년 4월에 탄생한 것이 회계투명봉사단체인 'HS힐링스쿨'입니다. 현재까지도 소년 소녀 가장들을 매월 지속적으로 돕는 한편 드라베증후군을 앓고 있는 장애아동에 대한 봉사활동과 후원사업을 진행하고 있습니다.

HS힐링스쿨의 향후 목적은 인구 감소와 함께 지역 공동화(空洞化)를 겪고 있는 지역에 내려가 폐교를 중심으로 고아원과 양로원을 설립하고 궁극적으로는 아름다운 전원 힐링 공동체를 만드는 것입니다. 부모에게 버려진 아이들에게 배움의 기회를 부여하고, 노년을 고독하게 보내는 실버 세대와는 정을 나누는 '사랑나눔공동체'를 이루는 것입니다. OECD 가입국 중에서 유독 높은 자살률을 기록하고 있는 우리 한국인들에게 힐링과 새로운 출발에 대한 용기와 힘을 주기 위해서 도시에 봉사 및 명상센터를 열고자 하는 목표도 가지고 있습니다. HS힐링스쿨 (http://cafe.naver.com/hshealingschool)이라는 이름은 이러한 일련의 활동의지를 담고 있습니다.

저는 20대 때 야학강사 생활과 불우이웃돕기 모임, 학생운동을 통해 많은 봉사 경험을 갖고 있습니다. 하지만 부족한 능력과 운영 미숙으로 많은 한계를 느끼기도 했습니다. 지금은 신념을 바탕으로 지속적으로 노력하고 행동을 실천하면서 조그마한 성취를 쌓아가고 있습니다. 이러한 꿈과 계획은 현재 진행형으로 나아가고 있습니다.

이처럼 신념이 차곡차곡 쌓이면 이루지 못할 것이 없는 것이 우리들이 살아가는 인생입니다.

무언가를 열심히 도모하는 사람들, 성공하는 사람들은 과거보다는 현재와 미래를 살아갑니다.

직장에서 승리자가 되려면

동일한 사주가 다른 운명을 갖게 되는 이유는 다양합니다. 같은 사주를 갖고 태어나면 대부분 비슷한 직업을 갖고 살아가지만, 그중 몇몇은 자신에게 매우 걸맞은 직업을 선택하여 경쟁에서 크게 앞서가게 됩니다.

고등학교나 대학을 졸업하면 우리는 자신에게 맞는 직업을 찾아갑니다. 자신의 적성에 맞는 직업을 알기 위해 부단한 노력을 하는 사람이 있는 반면에, 이 과정을 환경이나 주변 무리들의 흐름에 맡겨 수동적으로 따라가는 사람들이 있습니다. 전자와 후자의 차이는 시간이 흐를수록 커져갑니다.

취직을 하면 이전과는 다른 일을 해야 하거나 또 다른 인간관계가 생겨납니다. 동기, 직장 상사, 선배, 후배와의 인간관계가 만들어집니다. 더구나 직장은 계급이 존재하는 사회이며 경쟁이 있고 효율성을 따집니다. 직업을 가지면 어떤 그룹의 유형들과 관계를 맺어나갈 것인지에 대한 검토가 선행되어야 합니다. 일 자체보다 직장 내 불편한 인간관계 때문에 몹시 괴로워하는 사람들도 많습니다. 불편한 인간관계를 단기적으로 벗어나기 위해 다른 직장으로 이직을 하더라도 그 불편함이 해결되지 않는 경우가 많습니다. 이런 경우 다른 사람들에게 원인이 있기보다 자신에게 문제가 있을 가능성이 큽니다.

직업은 일에 대한 도전도 포함되지만 인간관계의 고난을 의미하기도 합니다. 도전하기로 작정하느냐 아니면 도망치려 하느냐에 따라서 그 사람의 태도가 달라집니다. 자신이 맡은 분야나 직장에서 승리자가 되겠다는 목표로 맡은 일에 대처하면 직장은 자신을 단련하는 자기 수행의 터전이 됩니다.

직장에서 승리자가 되기 위해서는 자신이 몸담고 있는 그곳에서 신뢰를 얻어야 합니다. 자신이 맡은 부서나 분야에서 일인자가 되기 위해서 노력해야 합니다. 일에서 실적을 올리는 것도 당연하지만 우선은 누구보다도 일찍 출근해서 상쾌한 인사로 모두를 맞이하는 것이 좋습니다. 아침에 다른 사람의 인사를 받고 출근하느냐 아니면 주체적으로 다른 사람보다 일찍 출근해서 인사로 다른 사람을 맞이하느냐 등 직장에서의 태도에 따라 성공 여부가 갈릴 수 있습니다. 직장에서 성공하려면 아침형 인간이 되어야 합니다. 아침부터 승리해야 타인에게 인정받기 시작합니다. 사람은 주목받는 곳에서 촉망받고 칭찬을 받을 때 의욕이 넘치게 됩니다.

그러나 만약 자신이 맡은 일이 성과는 떨어지고 화려하지도 않고 고생만 된다면, 자신이 희망했던 부서가 아닌 곳에 배치된다면, 끝까지 분발할 수 있느냐 없느냐가 중요합니다. 자신에게 맞지 않는 일을 하고 있거나 자신의 희망과는 다른 일을 할 때 우리가 느끼는 감정이 바로 좌절감입니다. 좌절감은 무언가를 이루기 위해서 열심히 살았던 사람일수록 더욱더 크게 다가옵니다. 채우고 싶었던 나의 욕구가 막혀버린 상태입니다. 무언가에 쫓겨서 도망가던 나의 마음이 막다른 골목을 만난 것과 같습니다. 좌절은 우리를 슬프고 화나고 우울하게 만듭니다. 그 결과 모든 것이 귀찮아집니다. 직장에서는 이러한 좌절감을 느끼는 경우가 더욱더 많아집니다. 이럴 때 어떻게 대처해야 할까요?

인생에는 디딤돌도 많지만 나의 앞길을 막는 걸림돌도 도처에 도사리고 있습니다. 이러한 좌절감은 걸림돌이 됩니다. 성공을 향해서 나아가던 많은 이들이 걸림돌에 걸려서 넘어집니다.

이처럼 원하는 대로 삶이 풀리지 않을 때 위로받는 가장 쉬운 방법은 '운명'을 이용하는 것입니다. 즉 지금의 운명은 좌절감을 거쳐야만 하는 시기라고 생각하는 것입니다. 문제점을 알게 되면 해결책은 의외로 간단해집니다. 그 좌절감을 이해하고 자신을 위로하기 시작하면 됩니다. 정말로 열심히 살았는데 스스로 견디기 힘들 만큼 좌절감이 크게 들었을 때, 바로 그 순간이 멘토가 필요한 때입니다. 멘토는 직장 선배나 동료, 혹은 친구가 될 수 있습니다. 때로는 스스로 잠시 일에서 벗어나서 재충전을 위한 시간을 갖는 것도 멘토가 될 수 있습니다.

그러나 명심하기 바랍니다. 당신의 진가는 일을 그만두거나 지금 고통 받는 그 순간에 대처하는 모습에서 드러납니다. 만약 현재의 좌절감을 승화시켜 이겨낸다면 당신이 속한 조직에서 승리자가 되는 시간은 앞당겨질 것입니다.

승자와 패자의 차이는 간단하다.
승자는 패자들이 하기 싫어하는 것을 할 뿐이다.

— 덱스터 예거

마음의 번뇌를
10분 안에 해소하는 방법

 다음 질문에 대해서 곰곰 생각해보십시오.

1. 간밤의 꿈자리가 매우 뒤숭숭합니까?
2. 요즘 자신의 태도가 마음에 들지 않습니까?
3. 돌아가는 일의 모양새가 나에게 불리하게 돌아가는 것만 같습니까?
4. 긍정적인 생각보다 부정적인 생각이 많이 드십니까?

위의 4가지 질문 중 2개 이상이 '그렇다'라면 당신은 불안증후군에 들어선 것입니다.

현대인들은 수많은 징크스와 스트레스에 노출되어 있습니다. 가진 것이 많으면 많을수록 걱정이 늘어만 갑니다. 물질적으로는 풍요로워졌을지 몰라도 정신적으로는 황폐해졌습니다.

어떻게 해야 걱정과 근심에서 벗어날 수 있을까요? 어떻게 해야 마음의 병을 치유할 수 있을까요?

마음을 다스리는 방법을 소개합니다.

1. 먼저 편안한 자세를 취하고 호흡을 1분간 3~4번을 천천히 깊게 들이마시고 내쉬십시오. (복식호흡)
2. 이제 마음이 편안해졌다고 마음속으로 상상합니다. 이런 상태로 5분간 휴식을 취합니다. 상상만 해도 편안해지는 장면이나 어릴 적 기억을 떠올려봅니다.
3. 자, 이제 걱정을 찾아내야 합니다. 자신을 괴롭히는 것들을 흰 종이 위에 적어봅니다. 가장 괴로운 것이나 가장 귀찮은 것이 제일 먼저 머리에 떠오를 것입니다.
4. 그 다음에는 그것을 해결하기 위하여 필요한 것들을 밑에 적어봅니다.
5. 다 적었으면 처음의 1번부터 2번까지 되풀이합니다.
6. 충분히 되풀이했으면 이제 눈을 반만 감은 상태에서 이렇게 다짐합니다.

    "괜찮아, 잘못은 고치면 되고, 쓰러지면 다시 시작하면 된다. 지금부터 다시 시작이다."

"나는 반드시 내가 원하는 삶을 살게 된다.", "나는 할 수 있다!"

"나는 반드시 행복하다!", "나는 행운아다!"

이렇게 백 일을 실행하면 인생이 달라집니다.
중간에 중단해도 걱정하지 마시고 다시 시작하면 됩니다.
작심삼일일지라도 결심과 행동을 반복하면 언젠가는 이룰 수 있습니다.

너의 믿음은 네 생각이 된다. 너의 생각은 네 말이 된다.
너의 말은 네 행동이 된다. 너의 행동은 네 습관이 된다.
너의 습관은 네 가치가 된다. 너의 가치는 네 운명이 된다.

— *마하트마 간디*

부처가 되는 방법

 부처가 되는 바른 방법에 팔정도八正道가 있습니다.

팔정도를 부단히 수행하면 어느 생에 이르면 부처가 될 수 있습니다.

부처에 도달하면 해탈에 이르러 필설로는 표현하지 못하는 기쁨을 누리면서 살아가게 됩니다.

이것이야말로 진정으로 운명을 바꾸는 방법입니다. 일반 사람들도 팔정도에 따라서 훈련하면 아무리 나쁜 운이 들어와도 하늘의 보살핌을 받을 것입니다.

팔정도는 말 그대로 여덟 가지 바른 길입니다. 팔정도는 서로 별개가 아니라 유기적으로 결합되어 있습니다. 굳게 믿고 흔들림 없이 끝까지 밀고 나아가 올바르게 실천하면 중도中道로써 완전한 세계를 완성하게 됩니다.

1. 정견正見

바르게 보는 것입니다. 바로 보는 견해가 없으면 다음을 이어갈 수 없기에 가장 쉽지만 가장 중요합니다. 잘못과 바른 것을 구분하여 편견 없이 보는 것이 바른 삶의 시작이기 때문입니다.

2. 정사유正思惟

바른 생각을 하는 것입니다. 바른 생각을 함으로써 바르게 베풀게 됩니다. 부처는 깨달음을 얻은 후에도 깊은 사유에 들어서 법을 어떻게 중생들에게 가르쳐 받아들이게 할지를 숙고하셨듯이 마지막 순간까지도 사유로써 정진하라 하였습니다.

3. 정어正語

바르게 말하는 것입니다. 구시화문口是禍門 즉, 입은 모든 화禍의 문門이라 했습니다. 바르지 않은 말은 상대를 아프고 다치게 합니다. 바르지 못한 말 한마디는 가시가 되어서 찌르고, 진리의 말은 몇 천 년이 지나도 믿고 의지하며 따릅니다.

4. 정업正業

바른 행동을 하는 것입니다. 바른 견해가 없으면 바른 행동을 못하고 바른 업을 지을 수 없습니다. 인과로 볼 때 어떤 행위를 하여 어떤 업으로 뭉쳐졌느냐에 따라 지금과 미래의 나를 만듭니다. 잘못된 업은 나아가는 데 장애가 되기에 바르게 살아 감을 강조합니다.

5. 정명 定命

바르게 목숨을 유지하는 것입니다. 나를 윤택하게 하기 위하여 어떤 방법과 수단을 이용하느냐의 문제로서 올바른 생활수단을 추구하는 마음 자세입니다. 좋은 직업(착한 직업)을 갖는 것은 팔정도의 실천입니다.

6. 정정진 正精進

바른 노력으로 바르게 나아가는 것입니다. 부처가 부다가야 보리수 아래에서 마지막 정진에 들 때 '내 몸이 말라 없어져도 수행을 성취하기 전에는 절대로 물러서지 않겠다'는 굳은 의지로 깨달음을 얻었습니다. 내게 결정된 선업을 굳게 믿고 밀고 나가는 용기와 의지입니다.

7. 정념 正念

바르게 기억하고 바르게 생각하는 것입니다. 바른 생각을 하는 것입니다. 바른 견해로 바르게 살아감으로써 참된 진리를 명심하고 노력하여 올바른 생각을 비우지 않는 것입니다. 바른 생각으로 채워질 때 나쁜 운이 침범을 못하기 때문입니다.

8. 정정正定

바른 선정禪定을 하는 것입니다. 지금까지의 바른 생활을 이용하여 깊이 사유하고 집중하여 삼매三昧에 들어갑니다. 팔정도의 결과를 이루는 완성의 단계입니다.

**무소유란 아무것도 갖지 않는 것이 아니라
불필요한 것을 갖지 않는다는 것이다.
우리가 선택한 맑은 가난은
부보다 훨씬 값지고 고귀한 것이다.**

— 법정

숙면은 개운의 첫 단추

 우리가 무심코 지나쳤던 것 중 개운하는 방법이 있다면 그것이 바로 숙면입니다. 숙면은 우리가 운명을 변화시키는 가장 쉬운 방법 중 하나입니다.

우리는 인생의 30~40퍼센트를 잠으로 사용합니다. 수면 시간이 너무 적어도 문제지만 너무 많아도 안 좋습니다. 수면의 질이 나쁘면 무기력과 피로로 인해 맑은 정신으로 살 수 없고 인생의 많은 부분을 놓치게 됩니다. 오래 자는 것이 아니라 깊게 자는 것이 중요합니다.

숙면을 위한 방법 중 하나는 수맥차단과 집 구조를 변경하는 방법입니다. 풍수지리風水地理에서는 침실의 양택陽宅을 매우 중요시하는데 이를 위하여 집을 이사한다거나 가구의 배치를 바꾸거나 가구를 변경하는 등의 방법을 사용하고 있습니다. 그러나 이는 시간과 비용이 들어가는 방법인 반면, 짧은 시간과 노력으로 숙면을 증진시키는 또 다른 방법은 베개를 잘 선택하는 일입니다.

베개는 목과 경추를 편안하게 받쳐주고 자는 동안에도 기도를 통해 호흡이 원활하도록 자세를 유지해주는 중요한 역할을 합니다. 만약 몸에 잘 맞지 않는 불편한 베개를 쓰면 자는 중에도 긴장을 풀지 못해 목과 어깨가 뻣뻣해져 목을 유연하게 움직일 수 없습니다. 이 상태가 오래 지속되면 오십견이 와서 더 힘들어질 수 있습니다. 나쁜 몸 관리는 정신적으로도 영향을 끼쳐 생활을 쇠약하게 만듭니다.

보통 관상觀相이라고 말하는 상법相法에도 수면 부족으로 인해 눈빛이 붉어지는 것을 '운이 흉흉해진다'고 말하고 있습니다. 상골법相骨法에도 뼈와 근육의 조화가 틀어질 경우에는 운이 쇠락한다는 말이 있습니다.

무심코 지나쳤던 베개가 숙면뿐만 아니라 하루하루의 컨디션, 더 나아가 우리 인생에 영향을 끼칠 수 있다는 생각을 해볼 필요가 있겠습니다. 당장 오늘 몸에 맞는 베개를 사용하고 있는지 점검해보시기 바랍니다.

다이어트,
비우는 것에서 얻는 삶의 충만

 요즘 간헐적 단식법이나 1일 1식과 같은 건강 및 다이어트 방법들이 많은 사람들의 관심을 끌고 있습니다. 귀가 솔깃한 말이긴 하지만 과연 그렇게 효과가 있을까 궁금해하는 사람들이 많습니다. 물론 사람들의 건강 상태나 체질에 따라 방법이 달라질 수 있지만 어느 정도는 분명히 효과가 있다고 합니다.

현대인들의 숙제인 다이어트, 이것이 운명에도 영향을 끼칩니다. 다이어트에 개운의 효과가 나타나는 이유는 단식이 구도求道의 과정에 포함되기 때문입니다. 불교에서는 단식이 수행의 한 방편입니다. 물질적, 육체적 욕망을 멀리하고 정신적으로 충만해지기 위한 수양법입니다. 석가모니도 하루 두 번 아주 조금씩 식사를 했고, 나머지 시간에는 항상 배고픈 상태를 유지했다고 합니다. 이슬람교에서도 라마단이라는 단식 기간이 있고 기독교에도 단식기도가 있습니다. 이슬람의 단식은 알

라 앞에서는 모두 평등하다는 의미이고, 기독교의 금식은 예수의 고행을 함께함으로써 예수에게로 더 다가간다는 의미로 해석됩니다.

단식 초기에는 극심한 고통과 허기짐이 몰려오지만 그 단계를 지나면 몸은 비상체제로 전환됩니다. 허기진 상태에서 배에서 꼬르륵 소리가 나기 시작하면 우리의 몸속에서는 기적의 호르몬인 시르투인sirtuin이 분비됩니다. 시르투인 호르몬은 우리 몸속의 유전자를 순식간에 스캔하여 손상된 곳을 회복시켜 줍니다. 또한 일정 기간 동안 배고픔에 적응하는 기간(보통 3일 정도)이 지나면 아디포넥틴adiponectin이라는 호르몬이 나옵니다. 이 호르몬은 지방 연소를 촉진하는 호르몬으로서 혈관 속의 동맥경화를 방지하고 혈관 내부를 청소하는 기능을 합니다.

소식小食이 생활화되면 렙틴leptin이라는 포만감 호르몬이 자주 분비되어서 조금만 먹어도 쉽게 포만감을 느끼게 됩니다. 우리가 위가 작아졌다고 말하는 이유는 이 렙틴 때문입니다.

그렇다면 운이 좋지 않을 때 다이어트를 통해 어떻게 좋은 운을 유도할 수 있을까요?

다이어트나 단식은 우리 몸에 공급되는 욕망을 억제하는 방법입니다. 인간이 느끼는 많은 고통 중에서도 배고픔은 매우 강도가 센 곤혹인데, 지옥에서는 배고픔으로 고통 받는 귀신인 아귀餓鬼를 두고 있고 인간 세계에서는 배고픔을 극한의 불행으로 여깁니다. 그래서 다이어트하는 행위 자체를 좋지 못한 운에서 비롯되는 고통을 대체한다는 의미로 갈음하는 것인데, 이를 두고 육체를 통한 물상대체物象代替라고 합니다. 즉 운이 좋지 않을 때 몸이나 육체적인 상황을 통해 고통을 받아들이는 것은 좋은 운을 유도하는 방법입니다.

다만 우리가 받는 고통에는 적절한 수치라는 게 있습니다. 그 사람이 감당해낼 만큼의 고통만이 주어진다는 것이고 이를 고통 임계점臨界點이라고 부릅니다. 고통 임계점이 극에 달하면 인간은 보통 정신을 잃어버리게 되는데, 이것이 죽음에 이르는 과정으로서 맹자는 하늘은 반드시 인간이 감당할 만큼의 고통만을 내린다는 말을 했습니다. 고통 임계점에 근접하는 운동 중에는 마라톤이나 철인삼종경기가 있습니다. 보통 이런 육체적 고통을 통해 새로운 삶으로의 전환을 꾀합니다.

적절한 다이어트는 우리 몸을 건강하게 만들어줄 뿐만 아니라 노화 방지와 피부 건강은 물론 탈모 방지, 성기능 향상을 통한 불임 치료, 뇌세포 강화, 암의 치유 효과까지 있습니다. 다이어트는 반드시 식사량 조절과 적절한 운동이 함께 이루어져야 합니다. 유산소운동은 30분 이상이 적절하며, 식사량 조절로 몸을 가볍게 만드는 것이 좋습니다. 하루 권장 칼로리의 60퍼센트만 섭취하는 것이 가장 이상적이라고 합니다. 다이어트를 할 경우 초반에는 혈당량이 떨어져 간혹 저혈당으로 손발이 떨리는 경우도 있는데 이러한 경우에는 가벼운 저칼로리 식으로 쉽게 극복할 수 있습니다.

적절한 체중에 도달한 사람이나 다이어트의 필요성이 없는 경우에도 개운을 위한 단식이 좋습니다. 운이 풀리지 않는 기간에는 가급적 식사를 끊고 최소한의 수분과 염분 보충으로 스스로를 돌아보는 물상대체와 관조로 혜안慧眼을 여십시오.

살아가면서 현대인은 세 가지 절제력을 가지면 좋은 인생을 살게 되는데, 첫째가 식욕이요, 둘째가 성욕이며, 셋째가 물욕입니다. 지금 삶이 지독하게 풀리지 않는다고 느낀다면 단식 또는 다이어트를 시작해보는 것도 좋습니다. 운이 좋은 방향으로 인도되기를 바라는 마음이 간절할수록 효과가 더욱 커집니다.

금연, 지금 안 하면?

담뱃값 인상에 관한 뉴스를 듣거나 새해를 맞이하게 되면 으레 하는 고민이 바로 금연입니다. 자신이 운명의 주인공이 되는 사람과 운명에 질질 끌려 다니는 사람의 차이는 이런 사소한 고민에서 시작됩니다.

담배는 건강에 해롭습니다. 하지만 실제로 담배보다 건강에 더 해로운 것은 스트레스나 화병입니다. 우리는 담배를 끊지도 못하면서 끊어야 한다고 스트레스를 받고 사는 이중적인 태도를 갖고 살아갑니다. 이것이 가장 나쁜 행동입니다. 끊으면 끊는 것이고, 아니면 그냥 속 편하게 피우시기 바랍니다. '끊어야 하는데'를 남발하면서 걱정 속에서 살지 마시기 바랍니다.

우리 삶의 질을 떨어뜨리는 스트레스야말로 나의 운명을 갉아먹는 암덩어리입니다. 스트레스를 방치하면 결국 화병이 생기고, 그 결과 다양한 질병을 부르는 근원적인 문제덩어리입니다. 역학에서는 이러한 근심덩어리의 원천을 기신忌神이라고 부르며 금기시하고 있습니다.

스트레스를 제거하는 방법이 진정한 개운법입니다. 따라서 스트레스를 푸는 방법을 실천하여 진정한 개운을 맞이하시기 바랍니다.

규칙적인 생활

매일 하던 대로 규칙적으로 살아가는 것이 좋습니다. 항상 일어나던 시간에 일어나고, 그동안 불타는 금요일을 보냈다면 그렇게 하십시오. 갑자기 리듬을 잃어버리는 것은 매우 나쁩니다. 평소에 하던 일을 규칙적으로 하는 생활을 통해 우리는 편안함과 위안을 얻습니다.

자기계발

하루 종일 멍하게 텔레비전만 본다든가 하루 종일 잠자는 습관은 몸을 더 피곤하게 합니다. 그것은 쉬는 것이 아니라 스스로 몸과 정신을 더 피곤하게 만들고 의욕 저하를 불러옵니다. 소파에 비스듬히 누워서 두 시간 이상 텔레비전을 보고 있는 자신을 발견하게 되는 순간, 당신의 운은 하락기에 들어선 것입니다. 빨리 떨쳐 일어나서 자기계발을 하도록 하세요. 그렇다고 자기계발에 대해 지나친 강박관념을 가지지는 마십시오.

스스로 만족감을 불러오는 딱 그 정도의 강도와 시간만 투자하십시오.

운동

걷기, 헬스, 등산, 스쿼시, 골프, 요가 등 그것이 무엇이든 좋습니다. 우리는 움직이면서 많은 스트레스를 풀 수 있습니다. 여성들의 경우에는 인터넷 쇼핑이나 홈 쇼핑으로 간단하게 해결하려고 하지 말고 간만에 외출복으로 차려입고 백화점이나 쇼핑몰에 가서 걷기라도 하시기 바랍니다. 우울증이나 스트레스에는 움직이는 활동이 매우 효과적입니다. 남자들의 경우는 등산이 매우 좋은 스트레스 해소법이 될 것입니다. 이러한 활동을 자신이 좋아하는 사람과 함께 한다면 일석이조일 것입니다.

가족과 친구를 소중한 관계로

가장 소중한 존재는 가족과 친구입니다. 그들과의 관계를 소중하게 만드시기 바랍니다. 스트레스를 가져온 문제들을 가족, 친구에게 솔직하게 이야기하고 도움을 청해보십시오. 이야기를 하는 것만으로도 스트레스가 많이 풀립니다. 수다를 떠는 사람들이 더 건강하다는 연구결과가 이를 증명합니다. 스트레스에는 적당한 수다나 커뮤니케이션이 약이 됩니다.

알코올 및 약물 과다 섭취 피하기

스트레스를 풀기 위해서 술을 마신다는 분이 있습니다. 이는 잘못된 생활습관이고 믿음입니다. 알코올 과다 섭취는 충분한 휴식과 숙면을 방해하고 삶의 질을 떨어뜨립니다. 적절한 음주는 스트레스 해소에 도움이 되지만 어느 선을 넘어서는 순간부터는 자신을 갉아먹습니다. 과다한 음주는 도리어 스트레스를 증가시키고 건강을 해치므로 운을 하락시키는 요소가 됩니다. 알코올이나 약물에 지나치게 의존하는 사람이라면 그 양을 줄이시기 바랍니다.

스스로 보람된 일 하기

자원봉사와 같은 선행은 자신이 생각하기에도 매우 보람된 행동입니다. 스스로 너무 무기력하여 우울증을 가진 사람들은 자원봉사를 하거나 도움이 필요한 사람을 돌보는 일을 통해 삶의 의미나 보람을 찾게 되는 경우가 아주 많습니다. 보람된 일을 자주 할수록 우리의 운도 좋아집니다. 이런 일들이 운을 비는 행위입니다.

타인과 어우러지는 사교활동

사교활동이라고 해서 반드시 먹고 마시는 것만을 말하는 것이 아닙니다. 함께 요가나 댄스를 배우는 모임이나 동아리활동 그리고 새로운 학문을 배우는 것도 사교활동입니다. 인간관계에 만족감이 커질수록 스트레스는 줄어듭니다. 바쁜 일상생활에서 자투리 여가 시간을 배움으로 활용하는 사람들 중에는 운이 좋아지고 있다고 느끼는 사람이 많습니다. 따라서 그들과 즐겁게 어울리십시오.

몸과 정신을 보다 멋지고 아름답게

멋있어지는 과정은 생각만으로도 자신의 자존감을 올려줍니다. 수영, 요가, 헬스, 조깅, 필라테스 등 건강한 몸과 정신을 만드는 노력은 좋은 운을 발전시키는 데 도움이 됩니다. 그리고, 자신만의 패션 감각, 메이크업, 헤어, 네일아트 등으로 개성 있는 아름다움을 연출하여 당당한 자신으로 레벨업 시키십시오.

맛있게 먹고 마시고, 기도하고, 휴식하라

이 세상에서 즐겁게 먹고 마신 후에 감사의 기도를 하는 것은 최고의 축복입니다. 그리고 스스로를 축복하면서 편안하게 휴식을 취하십시오.

개운법의 열쇠, 독서

진심이 담긴 한마디 말에도 인생을 바꾸는 힘이 있습니다. 단 한 권의 좋은 책은 그 시대를 움직이는 힘이 있습니다. 항상 책을 가까이 하고 스스로를 갈고 닦는 사람은 자신의 인생을 보다 긍정적인 방향으로 변화시켜 나갑니다.

사주팔자에서 가장 중요하게 보는 요소 중 하나가 발전 가능성입니다. 그 중에서 그 사람이 책을 가까이 할 사람인지 아닌지를 살펴보는 것은 인성(印星)이 발달되었는지 보는 것입니다. 인성 요소는 어머니의 역할을 말하는 것입니다. 어머니가 최초의 스승이 되어 자녀에게 독서하는 습관을 길러주었는지의 여부가 그 아이의 인성에 매우 큰 영향을 끼칩니다.

독서를 강요하는 어머니보다는 어머니가 먼저 솔선수범해서 책을 읽는 모습을 보여주는 것이 중요합니다. 텔레비전은 꼭 필요한 프로그램을 볼 때만 틀고 평상시에는 꺼두는 것이 좋습니다. 그리고 대부분의 시간에 독서하는 모습을 보여주시기 바랍니다. 만약 집안의 환경이 그렇지 못하다면 집 근처나 학교의 도서관을 활용하시기 바랍니다. 책과 가까이 하는 습관을 가진 사람은 그 사람의 사주팔자가 아무리 나쁘더라도 최소한 인간적인 존엄을 지키며 살아가게 됩니다.

자신이 애독하는 책이 있는 사람은 매우 강합니다. 마음에 흔들리지 않는 기둥이 생기기 때문입니다. 아무리 시대가 변해도 현혹되지 않고 꿋꿋하게 나아갈 인생의 나침반을 가지게 되기 때문입니다. 한 권의 좋은 책을 읽는 것은 위대한 교사를 만나는 것과 같습니다. 어린 시절에 좋은 책을 만나는 경험의 중요성은 아무리 강조해도 지나치지 않습니다.

스마트폰이 보급되고 IT 기술이 발달하면서 독서하는 시간이 줄었다는 사실은 현대를 살아가는 우리들에게 매우 안타까운 일이 아닐 수 없습니다. 하지만 책을 가까이 하는 사람들에게 더욱더 큰 기회가 주어진다는 것을 간과하면 안 됩니다. 인간사회는 동일한 재물에 대하여 수많은 사람들이 경쟁하는 장입니다. 스마트폰으로 단편적인 지식만을 습득하는 사람이나 경쟁자들은 결코 책을 가까이 하는 당신이나 자녀를 이기지 못합니다. 한 권의 책을 통해 지식을 습득하고 깨달음을 얻는 사람의 경우 그 기억과 깨달음이 단편적이지 않고 세상을 통찰할 줄 압니다. 반면에, 스마트폰으로 짧게 요점만 챙겨서 보는 사람은 정보나 지식이 단편적이고 지엽적인 시야를 갖게 됩니다.

책을 읽는 행위는 마음의 넓은 밭을 가는 행위와 같습니다. 현실적으로 책 속에 지혜나 행복이 존재하는 것은 아니고, 이는 모두 우리 자신 안에 있습니다. 우리 안에 있는 지혜나 행복은 독서 행위를 통해서 싹을 틔울 수 있습니다. 이러한 독서 행위는 다른 사람들과의 경쟁에서 우위에 서도록 만들어줍니다.

최근 삼성은 창의적이고 우수한 인재를 확보하고 미래 경영 환경 변화에 적극 대응하기 위해 기존 시험 위주의 획일적인 사원 채용 방식 대신 직군별로 다양화하는 열린 채용제도를 시행한다고 발표하였습니다. 그리고 지원자와 면접위원의 토론 방식으로 진행되는 창의성 면접을 새로 도입해 지원자의 독창적인 아이디어와 논리 전개 능력을 평가하기로 했습니다.

국내 굴지의 기업인 삼성그룹의 신규 채용에 합격하기 위해서 독서가 매우 중요하게 되었고, 삼성그룹만이 아니라 대부분의 기업에서 토론 방식의 창의성 면접이 당락에 중요한 요소가 될 것임을 예상할 수 있습니다. 창의력 향상을 위한 가장 좋은 방법은 독서입니다. 이제 미래의 경쟁력은 스펙이나 학벌

이 아닌 인문적 소양을 갖춘 창의적 인재에 그 성패가 달려 있습니다.

독서백편讀書百遍 **의자현**義自見
[백 번 읽으면 뜻이 절로 통한다.]

— 《위략魏略》

> **TIP**
>
> ### 가장 쉬우면서도 중요한 개운법
>
> 한 권의 좋은 책은 인생을 변화시킵니다.
> 자신이 감명 깊게 읽었던 책을 주변에 도움이 필요한 3명에게 선물하면서 그 사람을 위해 기도하고 축복해주는 것입니다. 이러한 행동은 모두 자신의 공덕으로 남게 됩니다.
> 그리고 상대방이 그 책을 읽고 긍정적인 변화가 있었다면 그 공덕의 크기는 더욱 커집니다. 자신의 소원이 이루어지기까지 이러한 행동을 계속합니다. 단, 이 개운법은 3일에 한 명 이상을 하지는 마십시오.

건강한 기 살리는 방법

사람의 마음을 가장 부드럽게 해주며 기를 길러주는 힘은
건전한 종교, 수면, 음악, 웃음이다.
하느님께 믿음을 바쳐라. 깊이 잠들라.
좋은 음악을 사랑하라. 인생의 유머에도 눈을 돌려라.
그렇게 하면 건강과 행복을 얻을 수 있으리.

— 갑상선염의 세계적 권위자인 부람 박사의
진찰실 액자 글귀

마음은 건강한 육체에서 자라납니다. 병든 육체는 건강한 식물이 살 수 없는 토양과 같습니다. 그래서 사주를 볼 때 오행의 중화中和를 봅니다. 그러나 목木, 화火, 토土, 금金, 수水의 다섯 가지 세력이 모두 있다고 해서 중화를 이룬 것은 아닙니다. 이들의 배열과 배치가 서로 조화로워야 하며, 이것을 보는 것이 간지론干支論입니다.

아무튼 건강한 기를 살리는 첫 번째 요소는 건전한 종교

를 가지는 것으로서 마음의 양식을 기르는 데 크게 도움이 됩니다.

저에게는 신앙이 있습니다.
이 세상에는 일정한 질서와 법칙이 있음을 믿습니다.
그 질서와 법칙의 중심에는 절대자가 존재함을 믿습니다.
그것이 역학에서는 태극입니다.

건강한 기를 만드는 두 번째 요소는 앞에서 말한 깊은 숙면으로서 좋은 인생을 만드는 건강의 지름길입니다. 수면시간은 그보다 덜 중요합니다. 오히려 자신에게 적합한 잠자리가 매우 중요합니다. 그냥 머리만 대면 잠을 잔다는 사람도 정말로 숙면을 취하고 있는지 살펴보아야 합니다. 꿈이 많은 사람은 깊은 잠에 빠지지 못합니다. 잠재적인 근심이 많거나 숙면을 취할 수 없는 환경일 때 꿈을 꿉니다. 깊은 잠을 못 자는 경우가 72시간 이상 지속되면 예민해져서 우리의 운이 하락하기 시작합니다. 49일 이상 지속되면 소중한 친구가 떠나갑니다.

현대인들은 사실 별로 중요하지 않은 일에 열심히 노력하면서도 정말 중요한 부분에는 소홀한 경우가 많습니다. 건강한 기를 만들기 위해서 우리는 반드시 깊은 잠을 자려는 노력을 해야 합니다.

건강한 기를 만드는 세 번째 요소는 음악입니다. 음악은 인간이 신에게 바치는 선물이라고 할 정도로 초월적인 쾌락의 영역입니다. 상대방이 좋아하는 음악을 들어보면 그 사람을 이해할 수 있습니다. 상대방을 깊이 알고 싶다면 그 사람이 좋아하는 음악을 들어보면 큰 도움이 됩니다. 좋은 음악은 상처 입은 영혼을 치유해줍니다. 반면에 음악 중에는 자살을 유발하는 음악도 있습니다. 근심, 우울감, 고통 등 비관적인 정서를 끌어올려 부정적인 감정을 극단까지 몰고 가는 음악도 있습니다. 음악은 그만큼 우리 정서에 미치는 영향이 강력합니다. 좋은 음악을 듣고 즐기더라도 유의할 것은 좋은 약도 과도하게 사용하면 무리가 오듯이 적당하게 즐기는 것이 좋다는 것입니다.

마지막으로 나의 영혼과 기를 북돋우는 최고의 힘은 유머입니다. 자주 웃고 즐거운 마음으로 하루를 보내는 노력을 매일 하면 한 해가 좋아집니다. 웃으려 노력하면 할수록 잘 웃게 됩니다. 웃음은 삶의 만병통치약입니다. 웃으면 얼굴 근육(작은 웃음에 10개의 근육)의 파동으로 다이어트 효과를 얻을 수 있고, 뇌에서는 엔돌핀이 분비되어 정신 건강에 좋습니다.

웃음을 생활화하기 위한 습관을 익히십시오.

1. 웃을 일이 없더라도 억지로 웃기
2. 웃을 일이 생기면 최선을 다해서 크게 웃기
3. 아침에 눈을 뜨자마자 웃기
4. 일정 시간을 정해서 웃기
5. 웃을 때는 정말 즐거운 마음으로 웃기
6. 사람들과 함께 적극적으로 웃기
7. 힘든 일이 있거나 기분이 좋지 않을수록 더 크게 웃기
8. 한 번 웃기 시작했으면 한 번 더 웃기
9. 자신이 미래에 꿈을 이루었다는 상상을 하면서 웃기
10. 행복한 자신의 미래를 생각하면서 웃기

행동의 씨앗을 뿌리면 습관의 열매가 열리고,
습관의 씨앗을 뿌리면 성격의 열매가 열리고,
성격의 씨앗을 뿌리면 운명의 열매가 열린다.

— 나폴레옹

음파오행보정법

오행기五行氣라는 것은 오행의 기운을 말합니다. 자신에게 부족한 오행의 기운, 자신에게 필요한 오행의 기운을 보완하는 것이 역학적 개운의 첫걸음입니다. 과거부터 신선이나 도사라고 불리는 사람들이 주로 사용했던 방법인 '도레미솔라'의 다섯 음계를 이용한 것으로 무협지에 종종 등장하는 음공音功이 이에 해당합니다. 이는 운명을 개운하는 방법으로서 음파오행보정법音波五行補正法이라고 이름을 붙여보았습니다.

음파오행보정법의 원리는 다음과 같습니다.

- 목木 기운이 부족한 사람 → 미 음으로 부족한 기를 보완
- 화火 기운이 부족한 사람 → 솔 음으로 부족한 기를 보완
- 토土 기운이 부족한 사람 → 낮은 도 음으로 부족한 기를 보완
- 금金 기운이 부족한 사람 → 레 음으로 부족한 기를 보완

- 수水 기운이 부족한 사람 → 라 음으로 부족한 기를 보완

그 구체적인 방법은 다음과 같습니다.

1. 평상시에 해당 음을 아랫배로부터 올라오는 날숨에 실어서 10분씩 소리 내어 부릅니다.
2. 해당 음을 기타나 피아노 등의 악기로 연주합니다.
3. 해당 음계가 많이 들어간 노래를 부르거나 듣습니다.
4. 마음을 안정시키고 기분을 좋게 만들어주는 음악을 자주 연주하거나 듣습니다.

우리가 음악을 좋아하는 이유는 음이 부족한 기운을 보완해주고 음악 속의 리듬과 박자가 신체 리듬을 경쾌하게 만들어주기 때문입니다. 음파오행보정법을 매일 실천하면 개운 효과가 눈에 띄기 시작합니다. 굳이 특별한 음계를 골라서 듣지 않더라도 자신에게 힐링이 되는 음악을 즐겨 들으며 항상 악기를 가까이하면 운이 좋은 방향으로 이끌려 개운 효과를 크게 얻을 수 있습니다.

음식을 통한 개운법

서양에서 전해 내려오는 4대 원소설(만물이 불, 물, 흙, 공기로 이루어졌다고 주장하는 이론)과 다르게 동양에서는 오행, 즉 나무, 불, 흙, 쇠, 물로 세상을 파악하고 구분합니다. 이러한 다섯 가지 기운을 간략하게 한자로 적으면 木, 火, 土, 金, 水라고 말합니다. 역학의 음양과 오행에 대해 어렵게 생각할 필요는 없습니다. 우리가 현재 살고 있는 일주일을 그대로 대입하면 됩니다. 일주일의 시작인 일요일은 日로서 태양을 상징하고 陽의 기운을 표현합니다. 월요일은 月로서 달을 의미하고 陰의 기운을 상징합니다. 그리고 화성이 화요일, 수성이 수요일, 목성이 목요일, 금성이 금요일, 토성이 토요일의 오행이 배치됩니다. 오행은 지구를 중심으로 돌아가는 다섯 가지 행성의 기운을 표현한 것이기도 합니다. 이러한 오행은 서로 도와주거나 서로 극하거나 밀어내는 과정을 통해 조화를 이루어나갑니다.

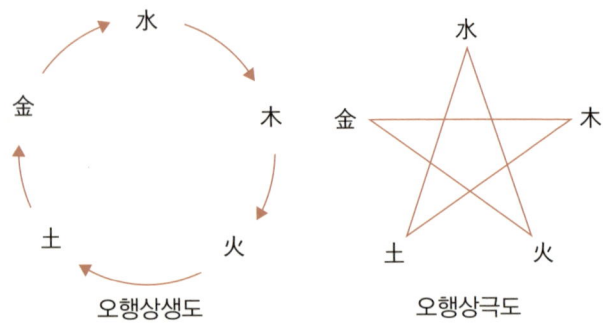

오행상생도   오행상극도

　오행상생도五行相生圖에서 보듯 서로 뒤에서 살려주는 형국이면 도와주는 것이고 오행상극도五行相剋圖에서 보듯 극하는 관계에 놓이면 상극으로 밀어내거나 극하는 것입니다. 이러한 개념을 비유법을 써서 쉽게 말하면 다음과 같이 됩니다.

　나무木는 불火을 살려주고, 불火은 흙土을 살려줘서 의미 있는 존재(도자기가 되거나 흙이 불에 녹아 정화되는 과정 등)로 만들어주며, 흙土에서 금속과 같은 쇠金의 성분이 나오고, 금金은 수水를 생生하므로 물水을 찾는 데에는 쇠金로 만든 탐침봉이 사용됩니다. 더 나아가서 물水이 나무木를 살리는 것은 당연한 이치가 됩니다. 이것이 오행상생도의 흐름입니다.

　오행상극도는 그 반대입니다. 물水이 범람하면 흙土으로 제방을 쌓으므로 토土가 수水를 극한다고 말하는 이치입니다. 그러한 물$_水$은 불$_火$을 끄므로 수$_水$가 화$_火$를 극한다고 말하고, 불$_火$은 쇠$_金$를 녹이므로 화$_火$가 금$_金$을 극한다고 말합니다. 금$_金$을 도끼에 비유하여 도끼로 나무$_木$를 베어내므로 금$_金$은 목$_木$을 극한다고 개념적으로 설명합니다. 마지막으로 나무는 오래된 흙속에 뿌리를 굳건하게 내리고 살아가기에 목$_木$이 토$_土$를 극한다고 말하는 것입니다. 이것이 오행에 대한 대략적인 개념 이해입니다.

그리고 오행은 각 속성별로 색깔이 지정되어 있습니다.

목(나무)은 푸른색
화(불)는 붉은색
토(흙)는 누른색
금(쇠)은 흰색
수(물)는 검은색

물이 왜 검은색인지 궁금해하는 분들이 많습니다. 나머지는 물상에 맞게 색상이 정해졌지만 물은 색깔이 없기에 검은색으로 지정됩니다. 하지만 우린 지금 역학 공부를 하려는 것은 아니므로 다른 비유를 들자면, 드라마 〈태왕사신기〉에 나오는 사신$_四神$ 중에 북쪽 방위를 담당하고 있는 현무$_玄武$라는 이름에서 보듯 현玄자는 바로 검을현입니다.

사신은 동청靑룡 서백白호 남주朱작 북현玄무가 있는데 색깔과 방위가 오행을 기초로 했다는 것이 여실히 증명됩니다. 사신에서 빠져 있는 중앙中央은 황룡 또는 기린으로 묘사되어 있고 방위의 개념은 없습니다.

우리의 신체는 오행의 영향을 받습니다. 그래서 각 장기별로 그 오행의 속성이 정해져 있는데 《운기론運氣論》에는 다음과 같이 나와 있습니다.

» **오행에 따른 장부臟腑의 구성**

	목(木)	화(火)	토(土)	금(金)	수(水)
자연	풍(風)	서(暑)	습(濕)	조(燥)	한(寒)
장	간	심장	비장	폐	신장
부	담	소장	위장	대장	방광
외부기관	눈	혀	입	코	귀
감정	노여움	기쁨	생각	슬픔	두려움
색	청색	적색	황색	흰색	검은색
맛	신맛	쓴맛	단맛	매운맛	짠맛

이렇듯 나의 사주 구성에서 오행의 균형이 무너져 있거나 올바르지 못할 경우 과하거나 모자라는 오행의 기운이 신체 장부에도 영향을 미치게 됩니다. 사상의학四象醫學을 통해서 이러한 것들을 간접 경험한 사람들이 있을 것입니다. 만약 나의 사주 구성을 알고 무엇이 넘치고 모자라는지에 대해 안다면 그것을 보완하여 좀 더 건강하고 활기찬 삶을 살 수 있습니다.

오행과 장부가 연결선상에 있는 것처럼 역학도 한의학과 매우 밀접한 관련이 있습니다. 한의학은 우리가 먹는 음식과 몸, 의학의 연관성을 중시하는 학문입니다. 한식은 일상생활에서 약을 먹는 것과 같은 효과를 나타내는 뛰어난 건강식입니다. 각 나라마다 풍토와 기후에 따라서 적합한 음식문화가 발달한 것은 일상에서 즐겨 먹는 음식이 바로 약이라는 한의학적인 사상에서 비롯된 것입니다.

최근 미디어에 소개된 어떤 부부의 이야기는 음식과 체질의 관련성에 대해 많은 것을 알려줍니다. 사주도 다르고 체질도 다른 한 부부가 같은 식습관을 갖고 살아왔는데 비슷한 시기에 동일한 암에 걸리게 되었다는 점입니다. 이는 사주로 정해진 체질도 중요하지만, 식습관이 질병에 많은 영향을 끼친다는 것을 알 수 있는 단적인 예입니다.

먹고 마시는 음식의 재료는 자연으로부터 오는 것이기에 모두 각기 오행의 속성을 지니고 있습니다. 특히 일상적으로 마시는 음료를 자신에 맞는 음료로 선택해서 만들어 먹고, 부족한 오행의 속성을 가진 재료를 선택하게 되면 개운의 효과를 볼 수 있습니다. 이것이 운명을 변화시키는 중요한 개운법 중의 하나인 음식을 통한 방법입니다. 이 방법은 오랜 기간 음용을 해야 효과를 볼 수 있습니다.

자, 이제 오행별로 소개되는 개운식음법開運食飮法에서 그 실마리를 찾아보시기 바랍니다.

개운식음법·첫 번째 이야기, 木

개운식음법으로 전할 첫 번째는 목木의 속성에 대한 이야기입니다. 오행 중에 목의 기운이 부족한 사람들에게 오미자를 추천합니다. 목의 기운을 돋우는 음식들은 신맛이 나는 특징이 있고, 오미자는 신맛이 나는 훌륭한 식재료입니다.

오미자는 달고 시고 쓰고 맵고 짠맛이라는 다섯 가지 맛이 들어 있어 오미자五味子라는 이름을 가지고 있습니다. 그래도 대표적인 맛은 역시 신맛이고, 그 신맛은 간 기능을 좋게 하는 역할을 합니다. 간과 연관된 오행이 바로 목입니다. 목의 특성은 적응력이 좋고 자비가 많을뿐더러 열정적인 특성이 꼭 우리 신체 장기 중에 간의 특성과 많이 닮아 있습니다.

몸의 쇠약으로 오는 자한自汗, 도한盜汗, 장관(내장)의 유동운동 및 분비항진에 의한 설사 같은 증상은 오미자로 개선할 수 있습니다.

또 땀이나 정액 따위가 인체에서 빠져나가는 것을 막아주는 작용을 고삽固澁작용이라고 하는데, 이 고삽작용을 오미자가 훌륭하게 해냅니다. 따라서 여름철에 땀이 많이 나는 사람들은 오미자를 차로 음용하면 좋은 효과를 볼 수 있습니다. 여름철에 땀을 많이 흘리는 운동선수들도 오미자를 잘 음용하면 효과를 크게 볼 수 있습니다. 2002년 한국 축구 대표팀도 오미자가 들어간 약재를 먹었다고 합니다.

오미자차가 몸에 특히 맞는 사람들은 추위를 타면서 기침을 하고 폐나 신장의 허약에서 오는 기침을 해소하거나 복부, 하체가 냉하여 발생하는 만성 설사에도 이용해왔을 만큼 허한虛寒 치료제로도 많이 쓰입니다. 뿐만 아니라 더위로 원기가 소모되어 몸이 나른하고 땀을 많이 흘려서 마치 일사병에 걸린 것처럼 근육이 무기력해질 때 오미자를 차로 만들거나, 맥문동麥門冬과 인삼 등을 달여 생맥산生脈散을 만들어 음용하면 효과가 좋습니다. 만약 인삼이 없다면 당삼黨參으로 대체해도 됩니다.

이렇게 좋은 효과를 가지고 있는 오미자도 부작용이 있을 수 있는데, 허한 치료제인 만큼 염증이 발생하고 고열이 있는 경우에는 삼가는 것이 좋습니다.

개운식음법 · 두 번째 이야기, 火

개운식음법으로 전할 두 번째는 화火의 속성에 대한 이야기로, 오행 중에 화의 기운이 부족한 사람들에게는 인삼이 좋습니다. 화의 기운을 돋우는 음식은 쓴맛이 나는 특징이 있습니다.

인삼은 중추신경계에 특이한 작용을 일으키는데, 대뇌피질의 흥분 과정과 동시에 억제 과정을 강화하여 신경활동의 기민성機敏性을 개선시킵니다.

일반적으로 인삼은 항염증, 항알레르기, 항감염 및 생리기능의 조절을 원활히 하며, 인삼에서 추출한 액체는 항스트레스 작용을 합니다. 또한 성선자극호르몬(성 호르몬을 자극하여 생산 유도를 하게 하는 호르몬) 분비를 촉진하고, 생체의 각종 유해 자극에 대한 방어 기능을 강화시켜 줍니다.

조선을 대표하는 미인인 황진이는 화장이나 옷차림보다 잡티 없는 깨끗한 피부에 많은 신경을 썼다고 알려져 있는데, 황진이가 피부를 가꾸던 비법은 바로 인삼의 잎을 말려 차로 달여 마시는 것이었다고 합니다. 오늘날 우리가 주로 이용하는 뿌리 쪽 인삼이 아닌 잎이었다는 것이 약간 다르지만 잎에도 사포닌 성분이 있음을 알 수 있습니다.

인삼의 대표적 성분인 사포닌은 피부 세포를 활력 있게 해 줍니다. 기미나 잡티, 그리고 주름 예방에 효과적이어서 예로부터 많이 이용해왔고 오늘날에도 한방화장품을 통해 그 효능이 알려져 있습니다. 인삼은 피부에도 좋을 뿐 아니라 단백질이나 당질 그리고 무기질이나 비타민 B 등이 풍부하여 피로회복에도 아주 좋은 효능이 있어 많은 가공 제품들이 나와 있습니다. 하지만 인삼차를 마셨을 때 가슴과 머리 쪽이 화끈거리는 사람은 몸에 열이 많은 체질이기 때문에 자제하는 것이 좋습니다. 사주 구성에 화기가 부족하면 열이 적은 것이 대부분이지만 유전적으로 특이한 가족력을 가진 체질인 경우 화기가 부족해도 열이 많은 경우가 있습니다. 이런 경우에는 인삼차가 아니라 보리차를 마시는 것이 대안이 될 수 있으니 알아두면 좋을 것입니다.

보리차는 인삼차보다 효과는 부족하겠지만 누구나 부담 없이 즐겨 마실 수 있다는 장점이 있습니다. 특히 백미로 지은 쌀

밥이 산성 성분을 띠는 것에 비해 보리의 성분은 알칼리 성분이 많으므로 아기가 생기지 않아 고민이 있는 분들은 체질 개선을 통한 태아 수태에도 도움을 받을 수 있습니다.

정리하면, 화 기운이 부족한 사람들은 인삼차를 마시는 것을 추천하며, 보리차도 대안이 될 수 있습니다. 우리가 일상적으로 많이 마시는 커피나 포도주도 화의 속성을 보완해줍니다.

개운식음법·세 번째 이야기, 土

개운식음법으로 전할 세 번째는 토土의 속성에 관한 이야기입니다. 오행 중 토의 속성은 조화이며, 나타내는 색깔은 흙의 색인 황토색입니다. 주위에서 보는 노란색 계열의 색깔을 가진 식재료나 음식은 토의 속성을 지니고 있고 그 기운을 보완해주는 역할을 합니다.

사주 구성 중 토의 기운이 부족하거나 토가 있더라도 금金의 기운이 너무 많아서 설기洩氣가 지나친 경우, 목木 기운이 강해서 극을 많이 받게 되는데 그렇게 되면 토가 허약해져서 토와 관련된 질병인 소화불량을 포함해 소화기 계통에 질병이 생기고 변비증이 동반된다고 합니다.

토의 속성을 가진 수많은 재료와 음식이 있지만 예로부터 꾸준히 효용 가치를 인정받고 사용하고 있는 것은 벌꿀입니다. 벌꿀은 위장을 튼튼하게 하고 정력을 높여주며 체력 강화, 피로 회복, 피부를 윤택하게 하는 효능이 있습니다. 하지만 벌꿀을 먹을 때는 당 함량이 높으므로 칼로리 부담을 줄이기 위해서는 적정량을 사용해야 합니다.

벌꿀은 차로 이용하는 것이 가장 쉽게 음용할 수 있는 방법입니다. 숙취, 목이 아플 때, 오한이 들 때, 피부가 거칠어졌을 때, 피로를 심하게 느낄 때, 저혈당일 때, 수족냉증 완화를 위해, 변비, 감기에 자주 걸리는 사람, 위산과다로 인한 속쓰림, 피부 잡티 제거(먹고 바른다)에 꿀차가 많은 도움이 됩니다.

꿀차의 1일 권장량은 2~3잔 정도가 적당합니다. 꿀은 흡수가 매우 빠르고 이로 인해 혈당이 올라가고 인슐린이 분비되므로 당이 지방으로 저장됩니다. 그런데 많은 지방이 복부에 쌓이면 지방간을 동반한 성인병 발병의 우려가 있으므로 하루에 30분 이상 걷기운동을 하는 것도 중요합니다.

흔히 '비위가 상한다'라는 말을 쓰는데, 여기서 비위는 비장과 위장을 뜻하는 것으로 비위의 기능이 원활하지 못하면 소화 기능 체계가 무너져서 에너지 변환체인 포도당으로 생성되는 과정이 제대로 이루어지지 않아 가장 많은 에너지가 요구되는 머릿속 뇌에 에너지 공급량이 줄어들면서 만성적인 뇌 기능 저하가 발생합니다. 이런 경우 병원에서 치료를 받는 동시에 일상에서도 다양한 방법으로 증상을 개선해야 합니다. 토의 기운을 가진 식품을 장기적으로 섭취하는 것이 좋은 방법입니다.

화의 기운이 강한 기장쌀 생식과 함께 식후 벌꿀 또는 흑설탕(사탕수수 즙을 졸여낸 원시적인 설탕)을 밥숟가락 기준으로 다섯 숟가락을 먹는 것이 좋은데, 최소 6개월에서 1년 동안 실천하면 효과가 있습니다. 생식이 힘들 경우 토의 기운을 보완하는 식재료를 이용하여 식단을 꾸미되 생식과 겸하는 방법으로 시도하면 좋습니다.

개운식음법 · 네 번째 이야기, 金

개운식음법의 네 번째는 금金의 속성에 관한 이야기로, 오행 중 금의 기운이 부족할 때는 맵고 비린 음식이 좋습니다.

하루 중 금의 기운이 가장 왕성해지는 시기는 해가 저물어가는 황혼녘인 오후 5시에서 오후 7시경(유시酉時)으로 금의 기운이 효력을 발휘하려면 저녁식사로 매운 음식을 먹는 것이 좋은 방법입니다. 또한 유酉는 십이지十二支 중 닭이므로 맵게 만든 닭요리는 금의 기운을 보완하는 대표적인 음식이 될 수 있습니다.

금의 기운은 살벌한 힘으로서 돌 또는 쇠와 같이 단단하여 종종 칼에 비유되기도 하지만 지나치게 커지거나 퍼져 나간 기운을 적당히 거두어들이는 수렴작용도 가지고 있습니다. 이러한 금의 기운은 확실한 의사결정 과정을 중시하고 추상적인 부분보다는 실리적인 부분을 좋아하는 속성으로 드러납니다. 그래서 금의 기운이 충만한 열매를 따야 할 시기인 가을의 기운이며, 아침, 점심, 저녁, 밤 중 저녁시간의 기운을 나타내는 것입니다.

사주 구성 중에 금의 기운이 부족하면 일반적으로 우유부단한 성향을 많이 띨 수 있는데, 금의 기운이 칼처럼 날이 서지 않아 맺고 끊음이 확실하지 않기 때문입니다. 여담으로 얘기하자면, 그래서 매운 음식을 즐기지 않는 민족의 회의시간은 사안의 화급火急에도 개의치 않고 질질 끄는 경향이 있다고 합니다.

무언가 인생의 중요한 결정을 내려야 하는 시기에 조언을 해줄 멘토도, 뾰족한 방도도 없다면 매운 음식을 먹고 결단을 내려보는 건 어떨까요? 매운 음식을 먹으면 비 오듯 흘리는 땀과 함께 잡다한 생각을 날려버릴 수 있습니다. 매운 음식을 먹을 때의 마음의 얼얼함과 집중력이 최선의 방법으로 가는 길을 유도할 수 있습니다.

개운식음법·다섯 번째 이야기, 水

개운식음법으로 전할 다섯 번째는 수水의 속성에 대한 이야기로, 예로부터 수의 기운은 생명의 근원을 의미합니다.

수의 기운은 오장육부五臟六腑 중에서 오장 중 하나인 신장과 연결되어 있는데, 우리 몸에서 물과 가장 연관성이 큰 기관으로 신장은 단순히 소변을 걸러주는 기능만 하는 것이 아니라 기를 생성하는 원천이기도 합니다. 수의 기운이 부족하게 되면 신장의 기운이 떨어져 정력이 감퇴되고 머리카락이 희어진다거나 귀에서 이명耳鳴 현상이 생길 수 있습니다. 귀는 신장과 연결되어 있고 모양도 서로 닮아 있습니다.

신장은 모양이 콩 같고 색깔이 팥 같다고 하여 콩팥이라고도 부르는데, 신장 기운을 북돋우는 식재료도 바로 콩입니다. 오행의 색깔 구분법에 따라 수의 속성은 검은색인데, 그래서 콩 중에서도 신장 기능을 가장 좋게 하는 것이 바로 검은콩입니다. 검은콩뿐만 아니라 검은색 색소가 들어 있는 식품은 수의 기운을 보완하는 데 도움이 됩니다.

콩에는 불포화지방산이자 필수지방산인 리놀레산이 다량 함유되어 있습니다. 리놀레산은 지방 분해 효과가 있어 혈관 관련 질병을 예방해줍니다. 또 콩에 포함된 성분 중 중요한 것이 이소플라본인데 여성 호르몬인 에스트로겐과 분자 구조가 비슷해서 천연 여성 호르몬으로 각광받고 있습니다. 이소플라본은 에스트로겐 분비를 유도하여 골다공증 예방과 함께 갱년기 증상 개선에 매우 좋은 효과를 가지고 있으며, 또한 사포닌이 다량 함유되어 있어 인삼이 가지는 효능도 기대할 수 있습니다.

수의 기운이 부족한 사람은 영양학적으로 훌륭하고 어떠한 보약보다도 좋은 콩 음식을 상용하는 것이 좋습니다. 매일 아침 두유 한 잔으로 시작하는 생활은 개운을 위한 첫걸음입니다.

늘그막에 생기는 질병은 모두 젊었을 때 불러들인 것이고
쇠한 뒤에 생기는 재앙은 모두 성했을 때 지어놓은 것이니라.
군자는 그런 까닭에 가장 성했을 동안에 미리 조심해야 하느니라.

— 《채근담》

운명을 바꾸어준 단 한 번의 만남

우리는 성공 비결이나 최고가 되는 비결 같은 이런저런 방법을 찾아 운명을 바꾸길 원합니다. 하지만 비결이라는 것은 베일에 쌓인 채 그 실체를 좀체 보여주지 않습니다. 하지만 우리가 간과하고 있는 사실 중 하나는 그 비결이 주변에 널려 있지만 우리가 쉽게 놓치고 있다는 것입니다. 지도자의 자리를 꿰어찬 사람들은 성공 비결을 많은 사람들이 알아채길 바라지 않을 수도 있습니다. 세상은 경쟁을 통해 성공을 얻는 구조이기에 좋은 것을 나누려 하지 않습니다.

그 비결이 무엇인지, 다음과 같은 실화를 통해 살펴봅시다.

세찬 비가 내리던 어느 밤, 미국의 한 호텔에 노부부가 찾아왔습니다. 은근한 추위가 살을 파고드는 늦가을 새벽 1시를 넘어서는 시각이었습니다.

노신사가 정중히 말했습니다.

"예약을 못했는데 혹시 빈방이 있소?"

예약제로 운영되고 있는 호텔이었기에 직원은 매우 난처했습니다. 하지만 인근의 다른 호텔에 전화를 걸어 빈방이 있는지를 성심껏 알아봤습니다. 빈 방을 찾을 수는 없었습니다.

직원은 미안한 얼굴로 이렇게 말했습니다.

"정말로 죄송하지만 현재 저희 호텔에는 빈방이 없고 주변의 호텔들도 모두 가득 찬 상태라고 합니다. 하지만 시간도 너무 늦었고 더구나 밖에는 비까지 오는데 다른 곳으로 가시라 할 수는 없고 하니 괜찮으시면 누추하더라도 제 방에서 주무시고 가시면 어떨는지요?"

다음 날 아침 노신사는 이렇게 말했습니다.

"지난밤에 난 이 미국 땅에서 가장 큰 호텔 체인의 대표가 될 만한 그릇으로부터 훌륭한 대접을 받았습니다. 훗날 제가 연락을 드릴 테니 그때 나의 제안을 내치지 말아주셨으면 합니다."

그로부터 2년이 지난 후 호텔 직원 앞으로 우편물이 도착했습니다. 그 안에는 뉴욕행 왕복 비행기표와 초대장이 들어있었습니다.

직원은 초대 장소로 찾아갔습니다. 뉴욕 한복판에 호화롭게 지어진 호텔이었습니다.

한데 2년 전 그 노신사가 그를 기쁘게 맞으며 말했습니다.

"이 호텔은 당신을 위하여 지어졌습니다. 이 호텔의 사장을 맡아주시기 바랍니다."

노신사는 2년 전 그날 밤의 약속을 지켜달라며 웃으면서 말했습니다.

노신사의 제안을 받은 직원의 이름은 조지 볼트, 그날 이후 미국 최고급 호텔 체인인 월도프 아스토리아의 초대 사장으로 취임한 사람입니다.

유태인의 속담에는 이런 말이 있습니다.

"똑똑하기보다는 친절한 편이 낫다."

운명을 바꿀 수 있는 중요한 키워드 하나는 '친절함'입니다. 누구나 알고 있고 누구나 가질 수 있는 비결이지만 우리가 쉽게 간과하는 덕목입니다. 조지 볼트의 몸에 배인 친절함이 귀인을 만나게 하여 결국 그의 인생에 한 줄기 빛이 되었습니다.

운명을 바꾸고자 노력하는 당신이 조지 볼트의 에피소드를 통해 얻을 수 있는 개운의 방법은 다음과 같습니다.

1. 매일 긍정적인 마음가짐을 가지십시오.
2. 항상 웃으려고 노력하십시오.
3. 그리고 자신과 타인에게 한결같이 친절하십시오.

　진정한 비결이라는 것은 이처럼 우리가 알고 있지만 지키지 않고 있거나 그러지 못했던 것에서 비롯되는 경우가 많습니다. 기본적인 것이 하잘것없는 것이라 생각하면 사상누각沙上樓閣의 우愚를 범하게 될 가능성이 큽니다.

　진정한 노력의 결과는 그 노력을 알아주는 귀인을 만나게 되었을 때 빛을 발하게 됩니다. 당신이 살아가는 동안 귀인이 당신에게 손을 내미는 경우가 있었을 것입니다. 그때 당신은 어떻게 대응했나요? 그를 알아보고 그와 인생의 문제를 공유했나요?

　자, 당신은 어떤 답을 하셨습니까?

사랑하는 사람을 찾듯이 사랑하는 일을 찾아라.

— 스티브 잡스

운명을 바꾸는 기도 방법

기도는 깨달음으로 가는 자기수양의 한 방법으로 반복해서 하면 잡념이 사라지고 마음을 다스릴 수 있게 됩니다. 좋은 기도는 나의 소리, 세상의 소리에 좀 더 가까이 귀 기울이게 해주며 심신을 편안하게 유지할 수 있게 합니다. 많은 사람들이 자기수양에 이르려면 어떻게 기도해야 하는지 질문합니다. 그 대표적인 질문을 보면서 좋은 기도 방법을 알려드리겠습니다.

Q 기도일을 용신일用神日이나 천을귀인일天乙貴人日을 정해서 하는 것과 매일 하는 것이 효과가 다른가요?

A 기도는 매일 하는 것이 좋습니다. 그러나 평상시에는 기도를 하지 못하고 간혹 기도를 드려야 한다면 가급적 본인의 용신일이나 천을귀인일에 기도를 하는 것이 좋습니다.

Q 창문을 열고 기도하는 것과 조용한 방에서 하는 것, 둘 중 어느 것이 좋을까요?

A 기도의 효과는 실내보다 실외가 더 좋습니다. 자연의 기가 순환되는 곳에서 기도하는 것이 효과적입니다. 그래서 창문을 열고 기도를 드리는 것이 좋습니다. 도시보다는 전원이 좋을 것입니다. 하지만 기의 순환보다 더 중요한 것이 정숙함입니다. 기도를 드리기 전에 환기를 시키고 정숙한 환경에서 평온함을 가지고 시작하십시오.

Q 어떤 대상을 향해 기도해야 하는 건가요? 아니면 순전히 나 자신을 생각하며 자기수양을 위해 기도하는 건가요?

A 기도는 하느님을 대상으로 하는 것이 좋습니다. 경우에 따라서는 부처님, 알라, 관세음보살, 천주님, 하나님, 예수님도 괜찮습니다. 절대자는 오직 한 분이기에 호칭과 상관없이 기도를 통해 절대자에게 다가갑니다.

기도법

기도를 하는 날은 흐린 날보다는 맑은 날이 좋습니다.

1. 하늘에 기도하기 가장 좋은 시간은 자시子時(밤 11시~다음날 새벽 1시)가 가장 좋으며 아침의 태양이 떠오르는 묘시卯時도 좋습니다. 그 다음으로 좋은 시간은 인시寅時, 사시巳時, 신시申時, 해시亥時입니다. 기도에서 진술축미시辰戌丑未時는 '묘고墓庫'라고 하여 피합니다. 시간은 동경시를 보정하여 사용합니다.
2. 가급적이면 본인의 용신일에 기도하는 것이 가장 효과가 좋습니다. 용신일을 모른다면 천을귀인일을 택하여 기도하십시오.
3. 기도 방향은 북쪽의 북극성을 향하도록 합니다.
4. 기도할 때는 촛불 하나와 정화수井華水를 떠놓고 합니다.
5. 가급적이면 청정하고 기가 맑은 장소에서 할 것을 권합니다. 집에서 기도를 한다면 조용한 방이나 거실이 좋고, 부부생활을 하는 안방이나 식사를 하는 부엌은 피하는 게 좋습니다.

종교를 초월하여 절대적인 조물주에게 하는 기도는 모두 동일합니다. 기독교인은 하나님에게, 천주교인은 천주님에게, 불교인은 하느님이나 관세음보살에게, 특별한 종교가 없는 분은 조물주인 하느님에게 기도를 올리면 됩니다. 종교가 다르고 절대자를 부르는 말이 다를 뿐 절대자는 단 한 분이며 모두 기도 대상이 같습니다. 경건하고 진실한 마음으로 자시 기도를 실천하면 기도의 힘은 매우 커집니다.

> 해동 대한민국 ○○시 ○○구 ○○동 ○○○번지(본인의 주소)에 사는 양력(또는 음력) ○○○○년 ○○월 ○○일 ○시생인 건명乾命(여자는 곤명坤命) ○○○(본인이름)이 하늘에 기도를 드립니다

위와 같이 시작하여 본인이 염원하는 일에 대해 설명하고, 이루어지기를 바라는 소원을 구체적으로 언급합니다.

그리고 마지막으로 다음과 같은 기도문으로 마무리합니다.

> "하늘에 감히 원하고 바라옵나니, 내가 바꿀 수 있는 일에 대해서는 과감히 도전할 용기를 주시고, 바꿀 수 없는 일에 대해서는 겸허히 받아들일 침착함과 인내를 주시며, 이 두 가지의 차이를 알 수 있는 지혜를 주시기를 바라옵니다. 현재 내가 모르는 바가 있다면 그것을 가르쳐주고 인도할 귀인을 만날 수 있도록 기회를 주시고, 그 귀인을 알아보고 따를 겸허함과 현명함을 주소서."

소원을 입으로 말하고 이루어지기를 기도합니다. 이처럼 기도를 지극 정성으로 올려 백일이 되면 조그마한 소원은 이루어지게 되며, 그 기도자의 간절함과 정성에 따라서 성취는 다를 것입니다.

먼저 그 전에 항상 겸허하고 예의바른 자세를 잃지 말아야 합니다. 개운 방법의 첫째는 예禮이며, 둘째는 신信이며, 셋째는 성誠입니다.

자시 기도를 정성스럽게 드린 많은 사람들이 큰 효과를 얻었습니다.

불면증과 악몽을 꾸는 김양은 자시 기도를 꾸준히 하면서 자신을 괴롭혔던 증상으로부터 해방되었고, 남편의 일로 항상 노심초사하며 편두통을 달고 살았던 권 여사도 증상이 모두 사라졌다고 합니다. 사업가 이씨도 사업이 매우 힘들어져서 괴로워했는데, 혹시나 하는 마음에 자시 기도를 드리고는 잠도 잘 자고 불경기에 도와주는 귀인들이 나타나 사업이 승승장구하는 신기한 일이 일어났다고 합니다.

최근 박씨는 어머니가 돌아가셔서 빈소를 찾은 저에게 3년 전 간명 당시 어머님의 사망일시를 말해주었기에 더 큰 불효를 면할 수 있었고, 좋은 묘墓자리까지 잡아주어 어머니를 편안히 모실 수 있게 되었다며 여러 번 감사의 인사를 하였습니다. 또 너무 일이 풀리지 않아 힘들었는데 제가 말한 자시 기도를 정성껏 드렸더니 처음에는 임대아파트에 들어갈 수 있게 되었고, 두 번째는 취직이 되었고, 세 번째는 최근에 천생배필을 만나는 소원이 이루어졌다고 무척 기뻐하며 더없이 행복하게 지낸다고 합니다.

인생이 풀리지 않는다고 해서 운명과 사주 탓을 하지 말고 바로 실천해보십시오. 분명 여러분의 기도가 운명을 행복한 방향으로 인도할 것입니다.

**할 수 있다고 믿는 사람은 그렇게 되고,
할 수 없다고 믿는 사람 역시 그렇게 된다.**

 샤를 드골

♥ TIP

용신일이나 천을귀인일 찾는 법

용신일은 본인에게 도움이 되는 기운이 많은 날이고, 천을귀인일은 천을귀인이 들어오는 날을 말하는 것입니다. 용신일이나 천을귀인일을 찾는 방법은 역학자에게 상담을 받거나, 인터넷 역학 사이트(네이버카페 역학사랑방 http://cafe.naver.com/lovesaju)를 이용할 수 있습니다.

제3막

역학으로 푸는
인생 솔루션

역학은 경험으로부터 나오는 인생 전략

 역학 상담은 전략가의 작전 계획과 별다를 바 없습니다. 한 사람의 인생을 놓고 삶의 전략을 짜주는 일이기 때문입니다.

한 아기 엄마가 제게 상담을 하러 온 적이 있습니다.

그녀는 상담 내내 울음을 그치지 않았습니다. 그 동안 마음에 쌓인 것이 너무도 많았나 봅니다. 부모로부터 사랑과 인정을 제대로 받지 못하며 자랐고 지금도 남편이 자신의 마음을 몰라준다는 것입니다. 그녀의 어머니는 어려서 돌아가셨고, 아버지와 새엄마 밑에서 불행한 어린 시절을 보냈다고 합니다. 학교 공부는 뒷전이었고 성적은 뒤에서 헤아리는 것이 빠를 정도였으며, 둘째가라면 서러울 정도로 말썽이나 문제를 일으키는 문제아였다고 합니다. 그러던 그녀가 우연한 기회에 접한 종교의 영향으로 개과천선하게 되었고, 성인이 되어서는 정말 노력하여 열심히 살았다고 합니다. 그러나 그녀의 아버지와 새어머니는 끊임없는 근심거리를 안겨주었고 자신을 힘들게 하는 악연이라고 했습니다. 게다가 결혼 전 성실하고 좋은 사람이었던 남편도 아기를 낳고 시간이 갈수록 점점 변해가더니 툭하면 폭력을 행사하거나 외박이 잦다는 것입니다.

상담을 하면서 크리넥스 한 통이 거의 동이 날 정도로 눈물을 쏟았습니다. 그녀를 죽 지켜보면서 저는 휴지를 건네주는 역할을 할 뿐이었습니다. 그녀의 울음이 좀 멎을 때쯤 저는 이렇게 말을 해주었습니다. 현재의 이런 모든 악연들과 힘든 경험들은 모두가 자신이 쌓은 악업으로 인해서 그러한 것이라고. 즉 원인이 있었기에 현재의 결과가 있는 것으로 누구를 원망할 것이 아니라, 현재의 상황을 슬기롭게 대처하고 이겨나가도록 노력하라고 말해주었습니다. 그 와중에 유달리 불우했던 저의 어린 시절과 과거의 경험을 들려주기 시작했습니다. 저의 이야기를 잠자코 듣고 있던 그녀는 처음에는 매우 놀라며 반신반의하면서 듣더니 어느 순간부터는 어떤 깨달음에 이르렀는지 진심으로 받아들이기 시작했습니다.

이러한 상담을 접하면서 저는 경험이 매우 중요하다는 것을 절실하게 느낍니다. 우리가 알고자 하는 운명, 인생의 해법은 학문이 아니라 삶의 경험에서 나오기 때문입니다. 결혼을 해보지도 않은 사람이 결혼생활에 대해 말하기 어렵고 자식을 낳아보지 않고 부모의 마음을 알기 힘듭니다. 스승을 통해 지혜를 구하고 책을 통해 깨닫지 못하면 알 길이 없으며, 세상의 풍파를 체험하고 견디는 힘을 단련시키지 못하면 그 해법을 찾기 힘듭니다. 수십 년의 과정과 경험이 쌓여야 비로소 이론이 실력으로 바뀌는 것입니다.

그래서 저는 역학의 세계에 발을 들여놓는 제자들에게 충고합니다.

모든 삶의 과정을 겪어내며 경험을 쌓으라고.
많이 만나고 많이 아파하고 사람을 알아가야 타인에 대해 이해할 수 있다고.
그래야 진정한 역학자로 거듭난다고.
그리고 사람에게 상처를 받으면서도 왜 그렇게 살아야 하는지를 가르쳐주는 소중한 경험, 그것이 바로 역학이라고.

**지금 당신이 무엇을 가지지 못하였는지가 아니라
당신이 가진 것으로 무얼 할 수 있을지를 생각하라.**

—어니스트 헤밍웨이

삶의 고통 앞에서 카르마를 기억하라

삶이 있어 죽음이 있고, 창조가 있어 파괴가 있으며, 내가 있어 네가 있고, 만남이 있어 헤어짐이 있습니다. 이렇듯 세상의 진리는 인과율의 법칙으로 돌아갑니다. 이런 이치는 억조창생億兆蒼生 인간을 고뇌하게 합니다. 부처도 오랜 고행 끝에 얻은 깨달음이라 하니 결코 가벼이 생각할 수도, 단순한 명제로 이해할 수도 없는 것 같습니다.

불교에서는 현생이 전생의 업에 따라 결정된다고 봅니다. 전생에 나쁜 업을 쌓은 사람은 다음 세상에 태어나서 그 대가를 치르게 되고, 훌륭한 업을 쌓은 사람은 다음 세상에서 그에 대한 보답을 받는다고 합니다. 이를 카르마karma라고도 하며 업業과 카르마는 같은 말입니다.

부처는 사바세계娑婆世界에 진리를 설법하고자 인과율의 자연법칙을 업이라는 개념을 통해 설명하고 있습니다.

전 세계 여행자들에게 '마음의 안식처'로 불리고 있는 인도에 가면 카르마에 대해 경험할 수 있습니다. 인도의 전통적 신분제인 카스트 제도는 가장 높은 계층인 브라만(승려), 크샤트리아(왕이나 귀족), 바이샤(상인), 수드라(일반 백성 및 천민), 그리고 맨 밑바닥에는 하리잔, 즉 몸에 닿는 것만으로도 부정해진다는 불가촉천민不可觸賤民, untouchable이 있습니다.

카스트는 힌두교의 카르마와 윤회사상을 근거로 계급사회를 정당화시키는 제도이며, 차별대우를 받는 피지배 계급들에게 이런 자신들의 신분을 숙명으로 받아들이게 합니다. 카스트는 힌두교의 구원의 방편으로 권리와 의무 중 의무에 속하는 현실 세계의 봉사수행 같은 개념입니다. 주어진 것을 받아들이고 그 안에서 좋은 업을 쌓음으로써 구원을 얻고 힌두교의 근본 목표인 업의 굴레로부터 영혼이 해방된다는 것입니다.

카스트 제도는 전 세계 인권단체들의 맹렬한 비난을 받아왔으며, 지금도 받고 있습니다. 태어나서부터 인간을 계급화하고 차별을 법으로 허용하고 있다는 사실은 합리와 이성을 근간으로 하는 현대사회의 시각으로는 반휴머니즘적이고 구시대적인 유물이 아닐 수 없습니다. 하지만 인도 사람들에게서 카스트에 대한 불평불만을 듣기란 쉽지 않습니다.

인도 사람들을 만나게 되면 우리의 통념을 넘어서는 놀라

운 경험을 하게 됩니다. 가난에 찌들고 병약한 사람들도 현생을 초월한 듯한 태연자약하고 천진무구한 모습을 하고 있습니다. 빈부 격차가 매우 극심하고 국가가 가난을 방치하는 사회 병리적 문제를 안고 있으면서도 인도인들은 현재를 초월한 카르마를 실천하고 있습니다.

한 영국 방송사의 다큐멘터리 PD가 한 불가촉천민을 취재한 인터뷰 내용을 들어봅시다.

"당신은 부자들을 보면 화가 나지 않나요? 왜 당신은 부자들처럼 되기 위하여 노력하지 않나요?"

"지금 내가 하층민으로 살고 있는 이유는 전생에 부자였지만 나 자신만을 알고 베풀지 않았기에 이렇게 된 것입니다. 그러니 지금의 내 처지는 전적으로 나의 잘못입니다. 부자인 저 사람들도 찰나뿐인 이생을 영원한 것처럼 이기적으로 산다면 다음의 생에서는 나처럼 될 것이 당연한데 질투와 시기심이 생길 리 없지요."

카스트에 대한 인도인의 시각이 그대로 담겨 있는 문답입니다. 인도인은 카스트를 구시대의 폐습이 아닌, 종교적 관점으로 바라보고 인과율이라는 프리즘을 통해 진리에 다가서고 있습니다.

하지만 인도인의 이런 금욕주의 철학의 연원에는 역설적이게도 야만적인 지배의 논리가 숨어 있습니다. 카스트의 기원은 기원전 1,300년 전 고대 인도로 거슬러 올라가는데, 인도-유럽 계통인 아리안 족이 인도를 침입하여 원주민인 드라비다 족을 정복하면서 자신들의 지배를 고착시키고 합리화하기 위해 카스트를 시행한 것입니다. 냉혹한 지배 원리가 금욕 철학의 원천이라는 사실은 역사의 패러독스가 아닐 수 없습니다.

오늘날 인도를 바라보는 우리의 시각은 GDP 수치로 가늠되는 물질적 가치가 아닌, 고결한 정신이 깃든 영혼의 대지로 인식되고 있습니다. 인도인의 성스러운 정신적 깨달음은 어떤 필요에 의해 생겨났을 수도 있지만 삶의 본질을 고민하고 방황하는 우리들에게는 어떤 의미로는 억압으로부터의 해방이나 삶을 일으켜 세우는 동아줄 같은 의미로 다가오기도 하니 참으로 역설적인 일입니다.

몸, 입, 생각으로 업을 짓다

 불교에 '신구의삼업身口意三業'이라는 가르침이 있습니다.

사람은 몸과 입과 생각으로 업을 짓는데, 몸으로는 살생하고 남의 것을 빼앗고 음탕한 짓을 저지르며, 입으로는 거짓말을 일삼고 교묘하게 속이며 악한 말을 하고, 마음으로는 남의 것을 탐내고 제 것에 집착하며 쉽게 분노하고 어리석은 행동을 일삼는다는 것입니다.

우리가 행하는 모든 것이 몸과 입과 생각으로 이루어진다고 봤을 때, 이 삼업에서 결코 자유로운 사람은 없습니다. 우리는 매일 남을 시기하고 내 것에 집착하며, 분노하면서 살고 있지는 않습니까?

업이라는 불교의 가르침은 우리 자신을 되돌아볼 수 있게 해주는 창입니다.

우리는 뭔가 일이 잘 안 풀릴 때 괴로워하고 분노하며 급기야 남에게 해를 끼치는 행동을 하기도 합니다. 이는 과거 생에서 우리 자신이 지은 업을 다시 받는 것일 수도 있고, 이제까지 자기 자신도 모르게 쌓은 업의 결과일지도 모릅니다. 그러므로 성찰과 구도의 시간이 필요합니다. 결국 세상사는 나 자신, 우리 자신에게서 비롯된 것이므로 모든 근심, 걱정과 고통의 중심에 자신을 놓고 보면 삶의 고난을 통해 무언가를 얻을 수도 있습니다. 그리고 감내할 수 있는 지혜도 얻을 수 있습니다. 업은 나의 존재와 세계를 연결시키고 모든 일의 인과관계를 밝힐 수 있게 해주는 매우 철학적인 삶의 해법입니다.

삼업을 씻어낼 수 있는 방법은
첫째는 몸의 청정이요,
둘째는 입의 청정이요,
셋째는 생각의 청정입니다.

바른 생각, 선한 마음, 좋은 말만 하기에도 인생은 짧습니다. 우리가 태어나 삶을 살아갈 수 있는 기회를 얻은 것만으로도 축복입니다. "거름 밭에 굴러도 이승이 낫다"는 말이 있지 않습니까?

사람이라는 존재는 자신이 하기에 따라 하늘의 천신天神보다도 고귀한 존재가 될 수 있는 기회를 얻은 것입니다. 그러기 위해서는 신구의삼업을 청정하는 삶을 살아야 할 필요가 있는 것입니다.

몸의 청정을 위해 우리는 비만이나 불결함, 질병으로부터 멀리하는 삶을 살아야 하며, 입의 청정을 위해서는 불필요하고 사악한 말을 삼가야 하며, 묵언수행과 함께 옳은 말, 선한 말을 하는 것이 좋으며, 생각의 청정을 위해 마음을 갈고 닦는 노력을 소홀히 하지 말아야 합니다.

그중 생각의 청정이 가장 어려운 과제로서 생각이 맑으면 입과 몸의 청정은 따라옵니다. 생각의 청정을 위해서는 양서를 읽는 것, 좋은 강의나 좋은 사람을 만나 경청하는 것, 기도와 명상으로 생각을 정돈하는 것이 중요합니다. 사람으로 태어나서 가장 즐겁고 보람된 일은 세상과 자신과의 관계 속에서 끊임없이 자신을 갈고 닦고 단련시키며 자신의 삶을 아름답게 가꾸어 나가는 것이 아닐까 합니다.

깨달음은 고난 이후에 오는 것

누구나 힘든 과제와 고민을 안고 살아갑니다. 고민이 없는 사람은 이 세상에 한 명도 없습니다. 모두가 고민을 안고 있으면서도 이를 극복하기 위하여 노력하고 도전합니다. 그것이 우리들이 살아가는 이 세상이며 우리들의 삶입니다. 괴로울 때는 현재의 괴로움이 결코 사라지지 않고 영원히 이어질 것만 같습니다. 하지만 이 세상에 영원한 밤은 없듯이 반드시 아침이 찾아옵니다. 또한 끝나지 않을 것만 같았던 겨울이 지나고 반드시 봄이 찾아옵니다. 다만 아침이 오기 전이 가장 어둡고, 봄이 오기 전 가장 시린 추위가 닥치기에 마지막 고비에서 포기하는 사람이 있을 뿐입니다.

자기 자신에게 지지 않는 한 고난은 물러가고 행복의 문이 열릴 것이라고 굳게 믿는 것이 중요합니다. 힘들다고 해서 자신을 비하해서는 안 됩니다. 자신을 소중하게 여겨야 합니다. 자신을 비하하고 깔보는 사람에게는 행복이 찾아오지 않습니다. 자신과 타인을 그대로 인정하지 않고 사사로운 감정을 해결하지 못하는 사람에게는 행운이 문밖까지 찾아왔다가 되돌아갑니다.

가장 큰 불행을 맛본 사람이야말로 이 세상에서 가장 행복해질 권리가 있습니다. 이것이 바로 하늘의 뜻입니다. 이 세상에서 불행을 맛본 사람들이 고난에서 벗어나면 깨달은 사람이 됩니다. 괴로워해본 사람은 누구보다도 남의 마음을 헤아릴 줄 아는 사람이 됩니다. 그래서 위대한 사명을 완수할 수 있습니다.

어려움이나 악조건을 안고 있다는 것은 그만큼 하늘이 믿고 맡긴 사명이 크다는 뜻입니다. 그러한 어려움이나 장애를 극복하고 승리했을 때에는 같은 고뇌를 가진 사람들에게 더 큰 희망과 활력을 줄 수 있습니다.

《맹자》에서도 말하듯이 고뇌를 통해서 우리는 깨달음에 도달하게 됩니다. 그러한 깨달음은 괴로움에서 벗어날 수 있는 지혜와 마음을 줍니다. 지혜를 가진 사람들은 결코 잘난 체하지 않습니다. 위대하게 보이려고 애쓰지도 흔들리지도 않고 선함과 진실을 추구하는 힘을 지니고 있기 때문입니다. 이런 사람들이 우리들이 살아가는 이 세상의 귀인이며 스승입니다.

인생은 고통과 깨달음의 연속이다

조개 중에는 진주를 만드는 조개가 있습니다. 물론 대부분의 조개는 진주 비슷한 것을 만들어내기는 합니다. 우리는 진주를 보석으로만 보지만 사실 진주는 칼슘 덩어리입니다.

진주가 만들어지는 과정은 상당히 재미있습니다. 입을 벌리고 먹이 활동을 하다가 부유물이나 모래, 돌, 물고기의 뼛조각이 조갯살에 들어오면 그것을 빼내려고 열심히 노력합니다. 그러나 사람처럼 손을 쓸 수 없기에 빼내지 못한 이물질은 조갯살 속에 박힌 채 살아가게 됩니다. 조개는 조갯살에 박힌 이물질이 자기의 생명을 위태롭게 한다고 인식하고 자기 몸에서 나오는 일명 진주액이라 불리는 분비물로 이물질을 감쌉니다. 자기 몸에서 뿜어낸 분비액으로 감싸고 또 감싸고 한 결과가 바로 진주입니다. 오랜 세월이 흘러 이물질은 점점 조개와 동화되어 커지고 조개가 죽게 되면 껍질과 진주알만이 남게 됩니다.

진주의 생성 과정을 알게 되면 진주가 다시 보일 것입니다. 진주는 조개의 끝없는 산고産苦로 만들어졌습니다.

우리는 살면서 일이 뜻대로 풀리지 않는 경우를 숱하게 경험합니다. 사실 나를 너무도 괴롭게 만드는 사람이나 상황 속에서 마음고생을 하며 살아가는 것이 우리들의 고단한 인생입니다. 그래서 석가모니는 인간이 사는 세상을 고해苦海라고 표현했습니다. 기독교에서는 인간이 원죄를 가지고 태어났다고 가르칩니다(내가 죄악 중에 출생하였음이며 모친이 죄 중에 나를 잉태하였나이다. 시 51:5).

우리에게 던져지는 고통과 어긋남은 나의 행위에서 야기된 인과응보因果應報의 결과일 수도 있지만 때로는 자신의 잘못이나 행동과 전혀 상관없이 고통과 슬픔을 안겨주는 경우도 있습니다. 진주의 일생이 그렇습니다. 자신이 맞닥뜨리는 고통과 상황에서 벗어나기 위해 무던히 노력하는 과정이 우리네 삶을 닮았습니다.

고통을 인내하고 끊임없이 벗어나기 위해 노력하는 우리들에게 마침내 그 결과물로 주어지는 것이 바로 깨달음입니다. 모든 조개가 진주를 만들어내지는 못합니다. 인간의 깨달음도 마찬가지입니다. 우리가 살아가는 세상은 하늘이 우리에게 준 기회라

할 수 있으며 세상에 태어날 때는 몇 가지 선택을 합니다. 그것은 업장業障을 어떻게 풀 것인지 하는 것입니다. 오랜 시간을 두어 풀어나갈 것인지, 이번 생에서 풀고 갈 것인지 하는 것입니다.

지금 삶이 너무나 아프고 고통스러우며 처절하다면 스스로를 되돌아보는 시간을 가져보길 바랍니다. 내면을 깊숙이 들여다보면 고통의 원인은 내가 초래한 것일 수 있습니다. 전생과 현생 그리고 후생을 털어 풀어야 할 업장이라면 이번 생에서 최대한 많이 풀고 가겠다는 선택을 한 것이라고 생각할 수 있습니다. 엄청난 무게의 고통을 달게 받고 깨달음을 얻겠다고 생각한 것일 수도 있는 것입니다.

조개와 같이 많은 난관을 인내한 결과물로 나오는 것이 사리舍利입니다. 고승高僧이 입적入寂했을 때 다비식茶毘式에서 나오는 사리를 보고 있노라면 고승의 도道에 대한 경배의 마음 이전에 억겁億劫의 번뇌와 고통을 감내하면서 많은 업장을 멸滅한 증거라는 생각이 먼저 듭니다.

지금의 삶이 힘들다면 생각해봅시다. 조상을 탓하고 부모를 탓하고 환경을 탓하고 남을 탓하는 것은 어리석은 일입니다. 전생으로부터 이어온 인과율에 의해 운명을 살아가고 있는 우리에게 고통은 누구의 탓도 아닌 나 자신의 업에서 비롯된 것이니까요.

모름지기 '다음'이라는 말의 진정한 의미는 지금을 받아들이고 이해한 다음부터입니다. 책장을 끝까지 넘겼다고 해서 그 책을 다 읽은 건 아닙니다. 사람이 나이를 먹어도 사람답지 못한 언행을 하고 어리석은 행동을 하는 것은 깨달음을 얻지 못했기 때문입니다. 깨달음이란 꼭 도를 행해야 얻는 것은 아닙니다. 우리의 인생 자체가 바로 도를 수행하는 고행의 길이자 깨달음의 길인 것이죠. 그러니 고통과 고난도 한번 맞닥뜨려 볼 수 있지 않을까요?

마음먹기 나름이다.
마음은 사람을 그르치기도 하고
몸을 죽게 만들기도 하고
아라한도 되게 하고
천신도 되게 하고
사람도 되게 하고
축생도 되게 하고
지옥에 있게도 하고
아귀도 되게 하니
형상을 만드는 것은 모두 마음이 이루는 것이다.

— 《불반니원경佛般泥洹經》

재미있는 역술 이야기

 숙종대왕과 역술가 갈처사

숙종이 수원성 고개 아래 냇가를 지날 때였습니다. 파헤치는 대로 물이 솟는 냇가에 묘 자리를 하려는지, 관(棺)을 놓고 슬피 울면서 땅을 파고 있는 허름한 차림의 시골 총각을 보았습니다.

몹시 사연이 궁금하여 숙종이 물었습니다.

"여보게, 여기 관은 누구 것인가?"

"제 어머님 시신입니다."

숙종은 다시 물었습니다.

"여기는 왜 파고 있는가?"

"묘를 쓰려고 합니다."

숙종은 어처구니가 없었습니다.

"이렇게 물이 솟는데 어찌 어머니 묘를 쓰려 하는가?"

"저도 영문을 모르겠습니다."

사연을 들어보니, 아침에 어머니가 갑자기 돌아가셨는데 갈처사라는 노인이 찾아와 불쌍하다면서 냇가로 데려와서는 이자리에 꼭 묘를 쓰라고 당부했다는 것이었습니다. 언덕 오막살이에서 혼자 살고 있었던 노인은 유명한 주역학자이자 지관이었습니다.

총각은 옷소매로 연신 눈물을 훔치며 자신의 처지를 비관하며 처음 보는 양반나리에게 하소연했습니다.

숙종이 가만히 듣자 하니 갈처사라는 지관이 괘씸하기 짝이 없었습니다. 궁리 끝에 지니고 다니던 지필묵을 꺼내어 몇 자 적었습니다. 그러고는 총각에게 이렇게 말했습니다.

"여기 일은 내가 보고 있을 터이니 이 서찰을 수원부로 가져가게. 가서 수문장들이 성문을 가로막거든 이 서찰을 보여주게."

처음 보는 웬 선비가 와서 시시콜콜 묻고는 수원부에 서찰을 전하라고 하니 총각은 복잡한 심경으로 어찌할 바를 모르고 있었는데 선비의 태도가 워낙 강경하여 서찰을 들고 수원부로 가게 되었습니다. 서찰에 적힌 내용은 다음과 같았습니다.

'어명! 수원부사는 이 사람에게 당장 쌀 3백 가마를 하사하고, 좋은 터를 정해서 묘를 쓸 수 있도록 급히 조치하라!'

급기야 수원부가 발칵 뒤집혔습니다.

곧 유명한 지관은 허름한 시골 총각을 대동하고 묘 터를 보러 길을 나섰고, 텅 비어 있던 창고에는 쌀이 가득 채워졌습니다.

"아! 상감마마, 그 분이 상감마마였다니!"

총각은 하늘이 노래졌습니다. 다리가 사시나무 떨리듯 떨렸습니다.

한편 숙종은 총각이 수원부로 떠난 뒤 이놈의 몹쓸 노파 지관을 혼내주겠다는 생각에 총각이 가르쳐준 대로 그가 산다는 가파른 산마루로 향했습니다. 단단히 벼르고 올라간 산마루의 단칸 초막은 그야말로 볼품이 없었습니다.

"이리 오너라."

한참 뒤에 대꾸하는 말소리가 들려왔습니다.

"게 뉘시오?"

방문을 열며 시큰둥하게 손님을 맞는 주인은 영락없는 꼬질꼬질한 촌 노인네였습니다. 더구나 방은 콧구멍만 해서 앉을 자리도 없었습니다.

숙종은 문밖에서 물었습니다.

"나는 한양 사는 선비인데 그대가 갈처사 맞는가?"

"그렇소만 무슨 연유로 예까지 나를 찾소?"

"오늘 아침에 상을 당한 총각 보고 저 아래 냇가에 묘를 쓰라고 했는가?"

"그렇소."

숙종은 너무도 천연덕스러운 태도에 화가 났지만 꾹 참았습니다.

"듣자니 당신이 자리를 좀 본다는데 물이 펑펑 솟는 냇가에 묘를 쓰라니 당키나 한 일이요? 아무리 어리숙하다 해도 그렇지 순진한 총각을 그리 골탕을 먹여도 되는 게요?"

숙종은 노한 목소리로 꾸짖었습니다. 갈처사 또한 비록 촌에서 사는 노인이지만 낯선 손님이 찾아와 목소리를 높이니 마음이 편치 않았습니다.

"선비란 사람이 개코도 모르면서 참견을 하고 그러슈. 당신이 그 땅이 얼마나 좋은 명당인 줄 알기나 하슈?"

노인의 대꾸에 숙종은 화가 났습니다. '이놈이 감히 어느 안전이라고…… 어디 두고 보자.'

"어떻게 그곳이 명당이란 말이오?"

"모르면 가만이나 있슈, 이 양반아. 저기는 시체가 들어가기도 전에 쌀 3백 가마를 받고 가만히 있어도 명당에 들어가는 땅이네. 시체가 들어가기도 전에 발복을 받는 자리인데 물이 있으면 어떻고 불이 있으면 어때? 개코도 모르면 잠자코나 있으시유."

숙종의 얼굴은 놀라움에 굳어졌습니다. 갈처사의 말대로 시체가 들어가기도 전에 총각은 쌀 3백 가마를 받았고 명당으로 옮겨 장사를 지낼 형국이었습니다. 그것도 자신의 명령으로 그리 된 것이었습니다.

숙종은 갈처사의 한마디에 자신도 모르게 목소리가 공손해졌습니다.

"영감님이 그렇게 천문지리에 밝으면 저 아래 고래등 같은 집에서 떵떵거리고 살 것이지 왜 이런 산마루 오두막에서 산단 말이오?"

"이 양반아, 아무것도 모르면 가만있기나 하쇼."

"아니, 무슨 말씀인지?"

숙종은 이제 아주 공손해졌습니다.

"저 아래 것들이 툭하면 남을 속이고 도둑질을 해서 고래등 같은 기와집 가져봐야 아무 소용이 없잖은가. 여기는 이래뵈도 임금님이 찾아올 자리네. 지금은 비록 초라하지만 나랏님이 찾아올 명당이란 말일세."

숙종은 정신이 팍 들었습니다. 이런 신통한 사람을 일찍이 만나본 적이 없었기 때문입니다. 마치 꿈속을 헤매고 있는 것 같았습니다.

"그렇다면 왕이 언제 찾아옵니까?"

"거 참 귀찮게 하시네…… 내가 재작년에 이 집을 지을 때에 날을 받아놓은 것이 있었는데, 가만, 어디에 있더라?" 하면서 방 귀퉁이 보자기를 풀어서 종이 한 장을 꺼내어 먼지를 털고 들여다보더니 몹시 놀라 얼굴빛이 하얗게 변했습니다.

그러고는 그 자리에서 벌떡 일어나 숙종에게 큰 절을 올리는 것이었습니다.

종이에 적힌 시간이 바로 지금이었던 것이었습니다.

"여보게 갈처사, 괜찮소이다. 대신 그 누구에게도 말하지 말게나. 그리고 내가 죽은 뒤에 묻힐 자리나 하나 잡아주게."

그리하여 갈처사가 잡아준 숙종의 왕릉이 지금 서울의 서오릉에 있는 '명릉明陵'입니다.

그 후로 다음과 같은 말이 떠돌아다녔다고 합니다.

"신묘하도다 갈처사여. 냇가에 묘를 쓰고 산마루 언덕에 초막을 지으니 음택陰宅 명당이 냇가에도 있고 양택陽宅 명당은 산마루에도 있구나. 삼천리 방방곡곡 명당 아닌 곳이 없으니 후천개벽은 이 땅에서 이루어지고, 유불선儒佛仙에 통달한 수미산의 목자木子가 나타나 이 세상을 통일하여 홍익인간弘益人間과 제세이화濟世理化를 받들어 서로가 화평하고 지고지순한 지상낙원을 이루니 그를 일컬어 정도령正道令이라고 하도다."

역학의 혜안을 지닌 율곡 선생

평소 주역에 밝았던 율곡 이이는 10년 이내에 큰 전쟁이 일어날 것이라고 예견하며 전란에 대비해야 한다는 십만양병설을 조정에 누차 주장한 바 있습니다. 하지만 청은 받아들여지지 않았고 율곡은 이를 한탄하며 묵묵히 자신의 길을 갔습니다. 그가 임금을 위해 한 일은 화석정花石亭이라는 정자를 짓고 기름 젖은 걸레로 정자 마루를 닦는 것이었습니다. 왜란이 일어나면 선조가 피난을 가게 될 터이고 그 상황을 대비하기 위함이었습니다.

임진왜란이 터지자 선조는 피난을 가게 되었고 어가御駕가 몽진蒙塵 차 임진 나루에 도착하였습니다. 날은 궂고 밤이 되자 지척을 분별할 수 없었습니다. 이때 대신 중 한 사람이 율곡이 남긴 유언을 기억하고는 봉서封書에 담긴 "화석정에 불을 지르라"는 내용을 선조에게 전달했습니다. 비가 내리는 험한 날씨라서 정자에는 불이 붙지 않았고 한 치 앞도 볼 수 없는 상황이었습니다. 하지만 기름칠이 된 화석정에는 불이 붙었고 이로써 나루 근처가 대낮같이 밝아서 선조 일행이 무사히 강을 건널 수 있었습니다.

다음 이야기는 매우 유명한 일화입니다. 야사에서 율곡 이이의 지혜를 칭송할 때 회자되었던 이야기입니다.

어느 날 율곡이 가족과 하인들에게 당부했습니다.
"주역을 보니 오늘은 사람의 운이 불길하니 집에 있는 사람들은 절대 밖으로 나가지 말거라."
하인들은 모든 대문을 걸어 잠갔고 모두가 외출을 삼갔습니다. 그런데 옆집 아이가 몰래 율곡의 집에 들어가 감서리를 하다가 문 여는 소리에 놀라 감나무에서 떨어져 죽는 사고가 발생했습니다. 아이의 부모는 슬펐지만 상대가 대학자인지라 항의를 할 수 없었습니다.
이 일로 오랫동안 고민에 잠긴 율곡은 아들에게 석함(石函)을 건네며 말했습니다.
"앞으로 내가 죽고, 7대손에게 위험이 닥치면 이 함을 열어보아라."

훗날 그의 7대 손이 정말로 죄를 지어 포도청에 끌려가게 되었는데 7대 조인 율곡 이이의 유언이 생각나 유언대로 석함을 들고 나섰다고 합니다. 원님은 석함에 대해 물었고 후손은 율곡의 유물이라고 말했습니다.

"집안에 전해져 내려오기를, 7대 손인 제가 어려움에 처할 것이니 그때 열어보라 유언하셨다 합니다."

분명 대학자의 유언인 만큼 큰 뜻이 있을 것이라 생각한 원님은 후손이 비록 죄인인 처지지만 율곡의 유품인 만큼 직접 가져가는 것이 옳다고 말했습니다. 원님은 수긍하며 직접 자리에서 일어나 함을 받아들었습니다.

그때 원님이 앉아 있던 자리 위의 대들보가 무너져 내렸습니다. 원님은 바로 깨달아 급하게 함을 열었고 석함 안의 문서에는 이런 말이 적혀 있었습니다.

'내가 너의 목숨을 살려주었으니 너도 나의 7대 손을 살려주길 바란다.'

율곡은 옆집 아이의 죽음이 7대 손에게 나쁜 영향을 미칠 것임을 미리 알고 그것을 예방해놓은 것이었습니다.

제산 박도사의 신묘한 예지

이 일화는 조용헌 교수의 《사주명리학 이야기》에도 실린 내용으로 정치권이나 재벌가에서도 모두 인정했던 당대 최고의 역술인 박도사의 이야기입니다. 특히 삼성그룹 창업자 고 이병철 회장, 포항제철 설립자 고 박태준 회장과의 각별한 인연은 박도사의 명성을 드높였습니다.

박도사가 젊은 시절 해인사에서 공부하고 있을 때의 이야기입니다. 어느 날 20대 중반의 처녀가 해인사 경내에서 시체로 발견된 사건이 발생했습니다. 범인은 오리무중이었고 해인사는 발칵 뒤집혔습니다. 이 사건으로 한 달 이상이나 스님들을 취조하다 보니 해인사의 청정한 수행 분위기는 엉망이 되어 있었고 여러 갈등이 고조되는 상황에서 홀연히 이 사건을 해결하겠다고 자청한 인물이 있었으니 그가 바로 제산 박도사 선생이었습니다.

박도사는 해인사에 머무는 동안 그가 받았던 수모를 갚을 생각으로 해인사 총무스님에게 삼배를 받고, 그가 준비해온 붓으로 범인을 찾는 글씨를 써주었습니다.

'일목탱천 목자지행 一木撐天 木子之行'

해석을 하면 '하나의 나무로 하늘을 지탱하니, 목수 木手 라는 직업을 가진 이씨의 소행이다'라는 내용이었습니다.

결국 한 젊은 목수가 살인을 자백하였고 이 일로 박도사의 명성은 경상도 일대에 널리 퍼졌습니다. '해인사에 하늘이 내린 귀신 같은 인물이 나타났다'는 소문이 전해지면서 박도사를 만나기 위해서 수많은 인파가 해인사로 몰려들었다고 합니다.

훗날 저는 평소 박도사와 친분이 돈독했던 스승께 이 일화를 물어보고 해석을 들었던 적이 있었습니다. 스승은 박도사가 '일목탱천 목자지행'이라는 글을 쓰게 된 내막을 다음과 같이 말해주었습니다.

"해인사 장경각에서 벌어진 사건으로 온 절이 어수선하고 영 분위기가 말이 아니어서 범인이 누구일까 궁금하여 주역점을 쳐보았더니 천풍구괘天風姤卦의 초효동初爻動이 떴느니라. 천풍구가 만난다는 괘이니 남자가 여자를 만나서 발생한 애정사임을 알았고, 초육이 변하여 중건천이 되었고, 고마 손목이 건금으로 변했으니 목체금용木體金用이니까 금金을 활용하여 목木을 다듬는 사람이니 대패로 나무를 다듬는 목수가 아니겠느냐. 마침 한 달 전에 대웅전 보수공사를 한다고 목수들이 다녀간 사실을 알기에 확신을 하게 되었던 것이고, 이참에 평상시 무시

받았던 수모도 갚고 범인에 대한 실마리도 주려고 벌인 일이었다."

주역의 천풍구괘를 보면 하나의 나무가 맨 밑에서 양의 세력을 버티고 있는데, 초효가 동하면 하늘 천이 되는 것이라서 일목탱천이라 하였고, 천풍구의 구姤는 하늘이 초목을 생生하는 것이고 하늘을 버티는 나무라면 갑목이고, 갑목은 열매를 거두는 나무木이므로 그 자식을 생성한 것이기에 목의 자식인 이李씨라고 말할 수 있었다고 나중에는 보충 설명까지 해주셨습니다.

그 후 범인을 색출하는 데 뛰어난 능력을 가진 박도사의 이야기가 항간에 더욱 크게 회자된 것은 부산의 효주 양 유괴 사건 때문이었습니다. 당시 매우 유명했던 효주 양 유괴 사건은 시간이 흐르면서 미궁에 빠져 매우 난감한 상황이었습니다. 사건을 맡았던 부산경찰서에서도 마지막 방법으로 제산 박도사를 찾아갔다고 합니다. 그때마다 박도사는 범인이 있는 장소를 두 번이나 알려주었고, 박도사가 알려준 장소에 효주 양의 유괴범이 나타났음은 물론입니다. 그 후로 부산 경찰국장에 부임하는 사람은 제산 선생을 찾아가서 반드시 인사를 나누었다고 합니다.

1970년대 후반 명성이 날로 높아지자 박도사를 찾는 사람이 많아졌고 서민들은 평균 20만 원, 정치인이나 경제인들은 200~300만 원이나 하는 복채를 선뜻 지불했다고 합니다. 당시에도 부담을 느낄 만한 액수였지만 그 효과가 신묘했기에 박도사 집 앞에는 항상 손님들로 문전성시를 이루었다고 합니다. 지금은 안타깝게도 고인이 되셨지만 대한민국 역학계의 수준을 한 단계 높힌 최고 역술인 중의 한 분으로 기억되고 있습니다.

모든것은 운명이다.
운명은 절대 바꿀 수 없다고 하는 사람들조차
길을 건너기 전에 좌우를 살피는 것을 나는 보았다.

―스티븐 호킹

개명과 운

사람들이 개명을 생각하는 이유는 어감이 좋지 않다거나, 인생이 잘 안 풀린다거나, 자신의 운명을 바꾸고 싶다거나, 원하는 일을 하고자 할 때 등 여러 가지 이유가 있습니다. 그리고 무엇보다도 개명 효과가 있는지 무척 궁금해합니다. 그래서 성명학과 관련하여 사람들이 가장 궁금해하는 질문들을 몇 가지 살펴보겠습니다.

Q 서구인들은 아이들 작명에 그리 신경을 안 쓰지만 한국인들은 작명에 많은 의미를 부여하고 공을 들입니다. 좋은 이름이 효과가 있나요?

A 작명의 효과는 크게 운명의 10퍼센트 정도로 영향을 끼칩니다. 만약 지어진 이름이 자신에게 맞는다면 플러스 10퍼센트의 삶을 살겠지만 그렇지 않을 확률은 더 큽니다.

이름을 지을 때 아이의 사주를 고려하지 않고 예쁜 이름이면 그만이라 생각하는 경우, 운명의 기운과 이름이 맞지 않으면 좋은 운을 타기 어렵습니다.

Q 성명학과 관련해서 여러 이론이 있는데, 어떤 견해가 맞는 것입니까?

A 우리의 이름이 운명에 영향을 미치는 것은 다른 사람의 뇌와 정신에 영향을 주기 때문인데 이름 자체가 상대방에게 이어지는 이미지로 잘 융화되면 효과가 아주 큽니다. 연예인들이 본명 대신에 가명을 쓰는 이유는 바로 이 때문입니다. 예를 들면 '신수'라는 이름은 어감이 빠르고 강력한 느낌을 주는데 이는 운동선수에 맞는 이름입니다. 옛날로 치면 장군감 이름입니다.

우리나라의 성명법은 기본적으로 소리의 오행을 먼저 적용하고 그 다음이 자원(한자의 뜻이 가지는 오행 속성)의 오행을 보는 것이 정통의 방법입니다.

이는 소리의 음과 자원의 뜻을 합쳐서 이름을 짓는 관습인데 주변국과 달리 우리나라는 소리를 아주 중요하게 여깁니다. 그 이유는 언어적 차이 때문입니다. 한자 문화권이면서도 우리는 우리말에 해당하는 한자를 차용 대입시켜서 사용하였습니다. 그래서 부르기 좋고 뜻이 좋은 이름을 지으려고 하는 것입니다.

소리에 대한 오행의 의미가 아무리 좋다 해도 혐오스럽거나 촌스러운 이름은 좋은 이름이 아닙니다. 변기통, 방귀남, 김장독, 원동기, 홍개똥, 광자, 추남 같은 이름은 누가 들어도 좋은 어감은 아닙니다. 이 이름들은 자원의 오행은 좋을 수 있으나 소리의 오행은 좋지 못한 경우입니다.

Q 성명학에서 불용한자라는 것이 있는데, 그 한자를 이름에 쓰면 안 되나요?
A 불용한자는 어원이나 뜻이 부적합하거나 하늘天·땅地과 같은 자연의 이름이라 피하는 글자를 말합니다. 그러나 독약도 잘 쓰면 좋은 약재이듯이 불용한자라 하더라도 사주의 특성, 남녀, 출생 순위에 따라 사용 가능합니다. 물론, 이 경우에도 대법원에서 제시한 인명용 한자 8,142자(2015년 1월부터 시행)에 포함되는 글자여야 출생신고나 개명이 가능합니다.

Q 개명을 하면 효과가 있나요?
A 실제로 결혼하기 어려웠던 여성이 개명을 해서 결혼에 성공

하는 경우를 많이 봤습니다. 시험과 같이 아주 작은 점수 차이로 희비가 엇갈리는 경쟁력이 요구되는 상황에서는 약간의 도와주는 기운이 큰 효과를 발휘하는 경우가 많습니다. 이처럼 경쟁이 치열한 경우에는 개명의 효과가 큽니다.

스스로 부단한 노력을 통해 이런저런 시도를 하는 사람인데 번번이 고배를 마시는 경우라면 개명 효과가 분명히 나타날 수 있습니다. 개명은 타고난 운명이 조금 좋지 못하더라도 개명이라는 개운의 이자를 내고 운을 빌려 쓰는 경우입니다. 하지만 감이 입에 떨어지기를 기다리는 안일한 사람에게는 아무리 개명을 잘 하더라도 효과가 없는 것은 당연합니다.

성명학에 논란이 많은 이유는 실력이 검증되지 않은 역학자가 작명 툴을 사용하여 무작위로 이름을 찍어내는 경우가 있고, 또 예쁜 이름이 좋은 이름이라는 일반의 인식이 지배하고 있기 때문입니다. 사주를 분석하는 능력이 없어도 성명학 책을 조금만 공부하면 누구나 작명은 가능합니다. 그러나 작명과 개명은 역학의 난이도로 따지면 사주와 적합한 기운을 찾기가 어려우므로 높은 수준의 실력이 요구되는 분야입니다. 효과에 대한 실질적인 검증이 어렵다 보니 작명에 간절한 사람들의 기대심리를 부추겨서 근거가 확실하지 않은 학설을 내세워 작명을 하는 경우가 많으므로 유의하여야 합니다. 실력 있는 역학자에게 작명하는 것이 신생아나 개명자의 개운에 도움이 될 것입니다.

사주는 태어나면서 받게 되는 선천적인 요소가 강하고 이름은 태어난 이후에 부모가 보완해서 정해주는 것입니다. 태어나면서 정해진 사주는 어떤 방법으로도 바꿀 수 없으나 작명이나 개명, 그리고 관상은 후천적인 노력으로 변화 가능한 영역에 속합니다.

김대중 전 대통령은 한자를 '金大仲'에서 '金大中'으로 개명하고 대통령에 당선되었습니다. 그리고 몇 천억 원을 들여서 개발한 자동차나 전자회사의 신제품에도 작명의 중요성은 매우 큽니다. 국내의 유명 전자회사가 스마트폰의 이름을 변경해서 이미지 변신에 성공한 것도 모두 작명의 힘입니다.

작명이나 개명은 치열한 경쟁 속에 있거나 개명이 인생에서 중요한 사람에게 효과가 큽니다. 그러나 큰 욕심 없이 시골에서 농사를 짓고 평범하게 살고자 하는 분에게 작명은 그다지 효과가 크지 않을 수 있습니다.

길들여진 삶은 족쇄 찬 코끼리

얼마 전 태양의 서커스가 한국에 들어와서 공연을 했습니다. 엄청난 스케일의 무대를 넘나들며 화려하고 진귀한 묘기를 펼치는 걸 보면서 매우 큰 감동과 재미를 느꼈던 기억이 납니다. 공중에서 아슬아슬하게 줄타기를 하는 미녀 무용수부터 다양한 동물의 묘기와 애교는 큰 즐거움을 선사해주었습니다.

코끼리가 묘기를 하는 모습을 보면서 어떻게 동물을 길들였을까 하는 의문을 가지게 되었습니다. 동물 중에서도 코끼리를 다루는 건 큰 골칫거리입니다. 거대한 덩치와 엄청난 힘으로 자칫 서커스를 엉망으로 만들 수 있기 때문입니다. 하지만 코끼리 길들이기는 의외로 쉽다고 합니다. 야생 코끼리를 잡아서 쇠사슬로 2미터 반경만 돌아다니도록 단단하게 고정하면 자유를 속박당한 답답함과 발목에 전해오는 족쇄의 느낌 때문에 스트레스를 받고 밤새 울음을 터트린다고 합니다. 그렇게 고통스러워하던 코끼리가 시간이 지나면 차츰 적응해서 결국엔 그 상황을 받아들이고 2미터 반경 이내에서 자유를 느끼며 편안하게 생활한다고 합니다.

인간과 동물이 현실을 어떻게 순응하는지를 잘 보여주는 대목이 아닌가 합니다. 나중에 코끼리에게 쇠사슬을 풀어주고 자유의 몸을 허락해도 코끼리는 쇠말뚝이 박힌 2미터 반경을 벗어나지 않는다고 합니다. 오히려 반경 밖으로 끌어내면 저항을 한답니다.

코끼리의 이야기는 우리의 이야기이기도 합니다. 우리는 환경에 끊임없이 적응하면서 살아갑니다. 그것이 훨씬 안전하고 효율적이기 때문입니다. 많은 한계와 룰, 갇힌 생각에 길들여져 현실에 순응하면서 사는 것이 훨씬 편하기에 그렇습니다. 가장 큰 문제는 자신의 한계를 미리 그어놓고 그 안에서 나오지 않는 사람입니다.

'이 정도가 딱 편해. 예전에도 그랬으니까……'

이제, 여러분 발목에 채워진 족쇄가 무엇인지 한번 생각해볼 필요가 있습니다.

여러분에게 한계를 긋는 쇠말뚝은 무엇입니까?

많은 이들이 실패하는 원인을 깊이 들여다보면 거기에는 스스로 그어놓은 한계가 도사리고 있습니다.

"내 운은 여기까지야.", "더 이상은 못하겠다."

자신의 한계를 족쇄로 만들지 않고 그 한계를 지혜롭게 벗어나고 맞서는 사람이 인생에서 승리합니다.

사람은 행복하기로 마음먹은 만큼 행복하다.

— 에이브러햄 링컨

인간성 회복을 위한 교육

배고픈 사람에게 베푸는 한 끼 식사는 불과 6시간이 지나면 그 효과가 반감되고, 누울 집 없는 사람에게 베푸는 소중한 잠자리는 하루 동안의 선행으로 기억됩니다. 그러나 교육을 통해 인간을 기르는 행위는 그 공덕과 선행이 평생을 갑니다. 교육의 본질은 인재를 더욱 인간답게 만드는 것이고, 지식을 양식삼아 창조성과 주체성을 무한히 발휘할 수 있는 인재를 육성하는 것입니다.

교육에는 인간을 선하게 만들어가는 힘이 있습니다. 인간이 동물과 다른 이유는 교육의 효과 때문입니다. 동일한 사주를 가진 사람이 다른 인생을 사는 것도 모두 교육의 효과 때문입니다. 배우고 익힘에는 부끄러울 것이 없습니다. 이 세상이 불공평하다고 원망하는 사람은 배움의 중요성을 제대로 모르는 자입니다. 배우고 싶어도 배울 기회가 없다는 것은 문명국가에서 핑계에 불과합니다.

노숙자인 어머니와 슬럼가에 살지만 배움에 대한 열정을 버리지 않고 하버드 대학을 우수한 성적으로 졸업한 카디자 윌리엄스나, 르완다 내전으로 부모를 잃고 쓰레기더미에서 숙식을 해결한 유스터스 우아예스의 하버드 대학 입성기는 배움이 사람을 어떻게 변화시키는지 가르쳐주는 소중한 교훈입니다.

우리가 살고 있는 이 세상에는 지금도 빈곤과 차별에 시달리며 인간의 존엄성을 위협받고 살아가는 사람들이 많이 있습니다. 그러한 사람들 뒤에는 편파적인 교육을 받은 지배집단이 존재합니다. 차별을 위한 교육, 지배자들의 욕구를 강화하기 위한 교육은 모두가 편파적인 교육입니다. 인간의 존엄성을 훼손하는 사상이나 교육은 그것이 무엇이든 잘못된 교육입니다. 이런 경우 교육이 사람들을 잘못된 방향으로 이끄는 폐해를 낳습니다.

모든 교육은 인간의 존엄성을 지키는 방향으로 나아가야 합니다. 더 나아가 천지인天地人의 조화를 통하여 인간과 자연이 더불어 살아가는 방향으로 그 교육을 연구 발전시켜야 합니다. 교육은 인간을 위해 존재하며 인간이 행복해지고 평화롭게 살기 위해서 존재하는 것입니다.

부부란 무엇인가?

이 세상에서 긴밀한 관계는 대부분 핏줄로 연결되어 있습니다. 부모자식 관계가 대표적입니다. 그런데 부부는 본래 서로 타인이었습니다. 각자 자라온 환경도 다릅니다. 서로 다른 환경에서 살아온 부부가 만나 새로운 가정을 탄생시키는 일은 자연 세계를 통틀어 매우 진보된 행위가 아닐까 합니다.

이를 두고 일부는 '결혼은 인생의 무덤'이니 '결혼은 해도 후회, 안 해도 후회'라는 식으로 비하하는 말을 합니다. 운명학의 관점에서 보면 이는 분명 잘못된 인식입니다. 결혼생활은 타인들이 함께 사는 공동 작업이기 때문에 끊임없는 이해와 공감, 그리고 배려가 필요한 인내의 여행으로 이 같은 인내의 과정이 그리 쉬울 리 없습니다. 그렇다고 해서 부부생활을 무가치하게 평가해서는 안 됩니다. 결혼은 그 자체만으로도 많은 공덕과 깨달음을 주는 운명의 중요한 전환점이기 때문입니다.

부부는 인생의 반려이면서도 좋은 친구여야 합니다. 처음에 이성적으로 끌리는 감정은 시간이 흐르면서 퇴색되어 갑니다. 둘은 친구같이 서로 친해야 하고 서로 도와야 하는 존재입니다. 상대방이 상처받고 고민하고 있을 때에는 격려의 말을 건네야 하고 기쁠 때는 함께 기뻐해야 하는 것입니다.

남편과 아내는 서로가 서로를 마주 바라보는 상대적인 관계여서는 안 됩니다. 서로가 공통의 목표를 가지고 같은 방향을 바라보아야 합니다. 부부는 새로운 인생의 목표를 향해 함께 나아가는 공동의 주체이자 협력자여야 합니다. 부부는 같은 배를 타고 가는 공동의 운명체입니다. 남편과 아내가 서로 사랑하고 분위기가 좋은 가정에는 칭찬에 능숙한 아내가 있습니다. 우리들은 가까운 사이일수록 칭찬이나 격려보다 불평을 하거나 상대방의 결점을 지적하는 경우가 많습니다.

보통 사람들은 사랑해서 결혼했다고 말합니다. 그러나 결혼생활은 결코 쉬운 일이 아닙니다. 부모나 주변의 결혼생활을 곁에서 보고 얻은 간접 경험을 자신의 부부생활에 적용해봐도 동일한 답이 나오지는 않습니다. 행복한 부부생활을 소망한다고 해서 저절로 이루어지는 것은 없습니다. 결혼은 단지 서로에게 행복해질 수 있는 기회가 생기는 것뿐입니다. 결혼하기 전에 상대를 받아들이겠다는 충분한 마음의 준비가 되어 있지 않다면 평생을 고통 속에서 살거나 이혼하기 쉽습니다.

인생에서 가장 소중한 관계는 부부라는 만남입니다. 비록 피 한 방울 섞이지 않았지만, 애정과 배려로 시작한 부부의 만남은 칭찬과 격려를 먹으면서 성장해 나갑니다. 부부의 가치를 더욱 소중하게 만드는 것은 바로 당신입니다. 부부가 서로를 위하고 빛내는 것이야말로 운을 벌어들이는 행위입니다.

**부부란 둘이 서로 반씩이 되는 것이 아니라
하나로서 전체가 되는 것이다.**

— 반 고흐

종교와 행복

우리가 살아가는 이 세상을 행복하게 만드는 중요한 역할을 하고 있는 것이 종교입니다. 하지만 종교의 차이로 인해 세계에는 지금 인종과 국가 간에 차별과 반목, 질시가 만연하고 있습니다. 종교가 이 세상에 존재하는 이유와는 참으로 다른 결과입니다. 그러나 역학으로 세상의 흐름을 살펴보는 것이 맞아 들어가는 것을 볼 때 분명히 이 세상에는 절대자가 존재한다는 것을 알 수 있습니다. 그리고 마구잡이로 무질서하게 사는 것이 아니라 특정한 흐름에 따라서 통제되고 있다는 것을 알 수 있습니다.

종교는 인간의 행복을 위해서 존재합니다. 종교를 위해 인간이 존재하는 것은 결코 아닙니다. 석가모니, 마호메트, 예수는 모두 이 세상의 평화와 공존을 이야기했습니다. 고통에서 길을 잃고 헤매는 인간들에게 큰 스승이 되어주었고, 그러한 인간들을 위해 버팀목이 되고, 몸과 정신이 병든 사람들을 구원했습니다. 처음 이 세계를 창조한 절대자의 마음으로 돌아가보면 이 세상의 모든 것을 사랑하고 평화롭게 공존하기를 바랄 것입니다. 그러한 절대자의 마음이 바로 자연과 공존하는 인본주의입니다. 이러한 인본주의로 만물을 바라보고 결정하면 대립이나 분쟁을 해소할 수 있습니다.

인본주의를 잃어버리고 단순히 교조주의적인 가르침에만 집착하게 되면, 처음에 이 세상에 와서 가르친 성인들의 마음을 왜곡하게 됩니다. 무엇을 위해 그 가르침을 설교하셨는지, 그 가르침에 담긴 사상이 무엇인지 분간하지 못하게 됩니다. 이처럼 분별력 없는 신앙생활은 종교를 위한 종교를 만들어내게 됩니다. 종교는 인간을 위해 존재합니다. 인간을 잊어버리면 편협하고 맹신적, 독선적인 종교가 되어버립니다.

역학은 모든 종교가 동일한 목적을 가지고 있다고 가르치고 있습니다. 태초의 세상을 만드신 절대자를 태극으로 표현하고 있으며, 주역의 64괘를 통하여 천지만물의 이치를 가르치고 있습니다. 그 이치의 정점에는 하늘과 땅과 인간이 있습니다. 이 세상에 존재하는 모든 생명체를 존중하고 공존하면서 살아가는 질서를 강조하고 있습니다. 그러한 질서를 지키고 살아가는 절대의지를 설명하고 있습니다.

이 세상의 주인은 인간입니다. 그리고 인간과 함께 공존하는 것이 자연환경입니다. 이제는 종교의 굴레를 벗어나서 논쟁하는 차원을 넘어, 이 세상의 평화와 공존을 위한 종교가 되어야 합니다. 그것이 무엇이든 분열을 조장하고 상대의 믿음을 경멸하는 종교는 그 근본을 잃어버린 것입니다. 종교를 압축하는 말은 사랑과 평화여야 합니다. 살아 있는 종교는 이 사회에 생기 넘치는 활력을 주어야 합니다. 인간의 정신에 약동하는 활기를 불어 넣어야 하며, 이 사회에 발전적인 공헌을 하지 않는다면 그것은 죽은 종교가 되어버립니다. 종교는 고뇌하는 인간이 고난을 극복하고 더욱 높은 차원의 목적과 이상을 실현하도록 진로를 제시합니다. 그것이 진정한 종교의 갈 길입니다.

가장 좋은 삶은 물과 같다.
강한 사람이 되고자 한다면 물처럼 되어야 한다.
장애물이 없으면 물은 흐르고 둑이 가로막으면 물은 멎는다.
네모진 그릇에 담으면 네모가 되고 둥근 그릇에 담으면 둥글게 된다.
그토록 겸양하기 때문에 물은 무엇보다 필요하고 또 무엇보다도 강하다.

— 노자

보시에 대한 운명학적 고찰

보시(布施)에 대한 관점을 보면, 인도와 그리스 문화권은 정신적 가치를 숭상했기에 종교적인 측면이 문화적 특징으로 많이 드러난 반면, 중국 문화권은 물질적인 사고와 행동에 기초한 물질 우선의 사고방식이 정치적 요소에까지 광범위하게 영향을 미쳤습니다.

이에 따라 인도나 그리스 문화권에서는 보시의 형태가 종교적인 설법이나 멘토mentor, 구루guru, 랍비rabbis와 같은 형태로 변모된 반면, 중국 문화권에서는 정치적 측면에서 물질적인 풍요를 꾀하는 보시의 형태로 정착되었습니다. 이런 보시의 의미는 향후 정치 원리로 자리 잡은 유교문화권의 사상적 밑거름이기도 합니다.

종교적인 터전이 강한 문화에서는 인간의 물질적인 집착을 초월하는 것이 지극히 당연하다고 할 수 있는데, 이러한 측면에서 보자면 인도를 위시한 힌두 불교 문화권과 그리스 로마를 위시한 (신들의 나라를 앞세운) 서양문화권에서 서양인들이 보시와 기부의 존재를 필연적으로 인식하고 있는 것은 어찌 보면 쉽게 납득할 수 있습니다. 그것은 종교가 문화의 형태로 이어져오기 때문에 가능한 것입니다. 정신세계에 기반을 둔 서양의 보시 및 기부 문화는 내적 동기로 이어져서 자신들의 존재가치가 되는 반면, 물질적인 가치에 기반을 둔 동양의 보시 문화는 외적 동기로 작용하는 측면이 많습니다.

외적 동기에 의하여 좌우된다는 것은 타인에 대한 베품에 있어 정신적 요소보다 물질적인 것이 선행되어야 한다는 가치관을 의미하며, 이런 의식은 만물의 척도를 물질이라고 생각하는 세속적 가치 기준을 낳을 수 있습니다. 이러한 물질적인 가치 선상에서 정점을 이루는 것이 바로 정치인데, 정치는 모든 사람이 잘 먹고 잘 살기 위한 방법을 모색하기 위해 발명된 것이기 때문입니다. 중국의 사상은 거의가 곧 정치철학이라는 사실을 사마천의 《사기》 중 〈맹순열전孟荀列傳〉과 〈태사공자서太史公自序〉에서 지적하고 있습니다.

그러나 이러한 정치 지향적이고 물질 위주의 풍토 속에서 보시의 가치는 인도의 정신 중심의 문화 구조가 낳은 더불어 사는 삶의 미학입니다. 보시는 범어와 팔리어로는 '다나dana'이며, 이를 음역해서 쓰이는 말로는 '단나檀那'와 '타나柁那' 그리고 '단檀' 등이 있습니다. 인도에서 일반적으로 보시라는 것은 더 가진 자가 스스로를 위하여 덜 가진 자에게 배려하는 것입니다. 사원이나 교회에서의 보시는 정신적인 풍요를 가져다주는 '수행자들에 대한 감사의 표시'를 의미합니다.

보시는 모든 만물을 자비로움으로 대하는 것으로 대승적 정신문화 구조 속에서 완성되어진 실천 체계를 의미하며, 내가 아닌 남을 위하는 이타정신의 극치이자 피안彼岸을 향한 의지처가 되는 것이기도 합니다.

그런데 운명이라는 것은 다양한 차별적 결과(비슷한 운명을 가지고 있더라도 환경과 부모, 그리고 영혼에 따라서 다른 결과를 내는 것)를 만들어냅니다. 보시는 이러한 차이를 줄여나가는 매우 중요한 행위이자 수행 요소이기 때문에 이를 통한 운명으로의 접근은 우리에게 허락되는 몇 안 되는 기회이기도 합니다.

또한 인간은 하늘이 정해준 율법에 의거하여 인과로 점철된 전생에 대한 기억을 가질 수 없는 한계 때문에 현생만을 기억할 뿐입니다. 그 결과로 인과율에 의지하는 자신의 업은 생각하지 못한 채 고통 속에서 몸부림치게 됩니다. 더구나 타인과 비교 경쟁하게 되는 삶에서 마음이 혼탁해지고 피폐해지는 것을 막을 수 없습니다. 가진 자나 못 가진 자나 이 굴레를 벗어나지 못함을 우리는 주변 사람들을 통해 경험합니다.

보시는 우리 업장을 소멸시키는 역할을 해주는 동시에 나눔으로 인한 행복감과 안도감을 가질 수 있게 하고, 이는 삶의 이유와 살아가는 원동력이라는 가장 큰 효과로 나타나게 됩니다.

현대인의 마음의 병으로 알려진 우울증이나 조울증의 가장 큰 처방은 보시하는 마음을 통한 나눔의 정신입니다. 많은 사례를 통해 알려진 것처럼, 마음의 병은 병리학적인 약이 아니라 마음의 약으로 치료하는 것이 효과적일 수 있습니다.

보시의 형태가 꼭 물질적이어야 하는 것은 아닙니다. 나눔의 마음을 가진 사람이라면 재능이건 시간이건 정성이건 마음이 닿는 만큼 베푸는 것이 중요합니다.

'나마스테'라는 말은 인사말로 알려져 있지만 사실은 내 안의 신이 당신 안의 신에게 인사를 드린다는 의미를 내포하고 있습니다. 이 인사법이 바로 보시의 시작이라 볼 수 있습니다. 보시의 시작은 남을 배려하는 마음의 출발인 인사에서부터 시작됩니다.

베풀고 돌보며 살아가기

침착하고 사려 깊은 사람은 몸과 말, 마음을 조심한다.
그들은 모든 일을 신중히 행하면서 괴로움이 없는
불사不死의 경지를 향한다.
몸을 절제하고 말을 조심하고 그 마음을 거두고 성냄을 버리라.
도의 길을 가는 데에는 인욕忍辱이 가장 으뜸이니라.

— 《소부경전小部經典》

누군가를 가엽게 여기고 돌보는 마음, 이를 보살의 마음이라고 합니다. '보살'은 '보살피다'라는 말에서 유래한 아름다운 말입니다. 누군가를 보살피고 측은하게 여기는 마음은 육친六親 중의 '인수印綬'입니다. 인수는 부모의 마음을 말합니다. 어떤 대가도 바라지 않고 묵묵히 베풀어주는 마음입니다. 세상이 팍팍하고 힘들어도 살아갈 수 있는 이유는 이러한 부모의 마음이 있기 때문입니다. 좋은 부모는 몸을 절제하고 말을 조심하고 그 마음을 거두어 성냄을 버리는 덕목을 지니고 있습니다. 부모의 도리를 가장 크게 지키는 길은 어려움을 참고 버티는 것이 가장 으뜸입니다.

그러한 연유로 사주 내에 인수(정인正印, 편인偏印)가 있는 사람은 조금만 더 사람들을 돌보고 베풀어주라는 것입니다. 그리하면 내세에는 인간으로 윤회하지 아니하고 천상계로 승천한다는 암시가 있습니다. 타인을 돌보고 보살피는 행동은 남을 위함이 아니라 바로 자기 자신을 위한 행동입니다. 그런 행위를 통해서 자신의 마음이 맑아지고 행복해집니다. 덕행으로 운이 개운되어 더욱더 많은 행운을 불러오는 것은 보너스입니다. 가수 김장훈 씨가 베풀면 베풀수록 자신에게 더 많은 것이 돌아오더라는 말은 시사하는 바가 큽니다.

어느 날 밤늦게 지방에 사는 한 수강생이 내게 전화를 해왔습니다. 전화를 받자 마구 울면서 곧 자살할 거라고 말했습니다. 목을 매려고 모든 준비를 마치고 마지막으로 저에게 하소연이라도 하고 싶어서 전화를 했다고 합니다. 늦은 밤에 그 분이 들려주는 많은 이야기를 들었습니다. 불후했던 청소년기, 적응하지 못한 학교생활, 준비되지 않은 20대, 집 나간 남편, 홀로 남겨진 외로움, 미래에 대한 막막함, 지쳐버린 심신 등 사연을 듣자니 그 분에게 감정이입이 되어 가슴이 먹먹해지고 아무 말도 할 수가 없었습니다. 잠시 마음을 가다듬어 그 분의 말을 들어주고 마음으로 대화를 나누었습니다.

이처럼 베푼다는 것은 거창한 것이 아닙니다. 주위 사람들의 이야기를 잘 듣고 공감하는 배려 행위만으로도 충분히 베풀고 살아가는 것입니다.

이 세상에서 베푸는 선행 중 가장 좋은 것은,
첫 번째는 바른 길로 인도하려는 선생의 노고이고,
두 번째는 정신이나 물질이 힘든 자를 돌보고 위로하는
보살의 행동이며,
세 번째는 자식을 돌보는 부모의 노력입니다.

이런 행동들이 힘든 이들을 일으켜 세워 함께 살아갈 수 있다는 자신감을 심어줍니다. 진심 어린 말 한마디의 위로, 상대를 생각하는 조그마한 행동이 주변 사람들에게 삶의 용기를 주고 살아갈 힘을 얻게 한다는 점을 명심하시기 바랍니다.

개운법의 비결

위기 다음에 기회가 온다. 즉, 죽는 것을 뒤집는 것이 개운법이다. 사死를 생生으로 돌리는 것이다.

— 이영수 선생

개운법의 첫 번째는 기도, 반성, 감사이다.

개운법의 두 번째는 귀인을 만나는 것이다. 귀인은 때와 장소에 따라서 바뀐다.

개운법의 세 번째는 봉사하고 베푸는 것이다. 불평하지 않아야 효과가 크다.

개운법의 네 번째는 열심히 배우고 공부하는 것이다.

위의 네 가지 방법을 최소 백 일 이상 실천하고 나서 스스로 만족하다고 느끼는 그때 이 세상에 요구하면 됩니다.

이 과정을 소원이 이루어지기까지 반복하십시오.

시험에 합격하거나 승진하기를 바라는 경우

1. 계룡산 신원사 중악단   2. 울산 문수산 문수사
3. 오대산 문수성지 적멸보궁   4. 단양 영춘 구인사
5. 우이동 도선사 마애석불   6. 명동성당 성모마리아상
7. 팔공산 갓바위 부처   8. 태백산 정암사 적멸보궁

취직이 되기를 바라는 경우

1. 계룡산 신원사 중악단   2. 우이동 도선사 마애석불
3. 사자산 법흥사 적멸보궁   4. 설악산 봉정암 적멸보궁
5. 경남 합천의 해인사(깨달음 기도)

회임(懷妊)이 되기를 바라는 경우

1. 팔공산 갓바위부처   2. 우이동 도선사 마애석불
3. 명동성당 성모마리아상   4. 설악산 오세암

소원이 이루어지기를 바라는 경우

1. 오대산 문수성지 적멸보궁   2. 양산 통도사 적멸보궁
3. 태백 정암사 적멸보궁   4. 사자산 법흥사 적멸보궁
5. 설악산 봉정암 적멸보궁   6. 우이동 도선사 마애석불

7. 부산 기장 해동 용궁사   8. 단양 영춘 구인사
9. 남해 금산 보리암 해수관음상 10. 계룡산 신원사 중악단
11. 중국 해남도 남산사 관음상   12. 울산 문수산 문수사

  58세에 직업을 다시 얻고자 하던 자, 결혼 10년차 아기 갖기를 원하던 여인, 속만 썩이던 자식이 정신 차리고 사람 구실 하길 원하던 부모, 시험에 합격하기를 간절히 바라던 수험생, 취업이 되지 않아서 걱정하던 젊은이, 사법고시에 여러 번 도전하고 고배를 마셨던 30대 중반의 남자, 60대에 새 장가 들기를 소망했던 독신 남자, 55세에 초혼에 성공하여 너무도 행복해지기를 바라던 여자 등 제가 만난 사람들의 소망이 결국 기도를 통해 이루어졌습니다.
  시도하지 않고 포기하지 마십시오. 이것은 나에게 맞지 않는 방법이라고 말하지도 마십시오. 여기서 제시한 개운법은 이 세상의 어떤 성공학보다도, 이 세상의 어떤 기도보다도, 이 세상의 어떤 주술보다도 강력합니다. 자신만의 성공 스토리를 가진 사람들의 놀라운 비결이 여기에 있습니다.

제4막

운명과 사랑하라

아모르 파티, 운명을 사랑하라

 어느 날 스승님이 이런 질문을 하셨습니다.
"운명을 바꾸는 확실한 방법이 있는데 혹시 아느냐?"
저는 당연히 모르니 가르쳐달라고 말했습니다. 그러자 스승님은 그냥 가르쳐주면 소중함을 모르기에 그전에 간단한 의식을 치르겠다고 말씀하시고는 과제를 내주셨습니다.

"앞으로 백 일 동안 주변 사람들에게 무언가 좋은 일이 있느냐는 질문을 받아보도록 해라. 딱 세 번이면 족하다."

물론 조건은 절대로 그 말을 유도하거나 강요해서는 안 된다는 것이었습니다. 즉, 주역점을 칠 때와 같이 무위무사無爲無事한 태도를 견지하여야 하며, 상대방에게 의도적으로 질문을 유도하지 말라는 것이었습니다.

백 일이라는 기간은 길다고 생각했기에 스승님의 과제를 해낼 수 있을 거라고 생각했습니다. 하지만 시간이 지날수록 확신은 의심으로 바뀌어갔습니다. 많은 사람들과 만나고 대화를 나누어봤지만 그런 관심의 표현을 쉽사리 하는 사람은 없었습니다.

약속한 백 일이 되어서, 겨우 과제를 해낸 저에게 스승님이 말씀하셨습니다.

"아모르 파티Amor fati라는 말이 있다. 즉 운명을 사랑하라는 의미란다. 너는 운명을 사랑하고 있느냐? 운명을 사랑하면 인생이 행복해지고 절로 미소가 지어지는데 과연 그렇게 살고 있느냐? 자신의 운명을 사랑하는 사람과 사랑하지 않는 사람의 결말은 정반대이다. 운명을 사랑하는 사람은 호떡을 구워도 행복하지만, 운명을 사랑하지 않는 사람은 수천억의 돈이 있어도 행복할 수가 없다."

지금까지 당신은 나름 최선을 다해서 달려오지 않았던가요? 부자로 살다가 졸지에 사업이 부도가 나서 가난해지면, 포기하는 그 순간부터 그 사람의 인생은 보잘것없어집니다. 자신에게 주어진 상황이 힘들다고 짜증 내고 불평하고 화를 내보았자 상황은 전혀 달라지지 않습니다.

자신에게 주어진 운명이 있다면 거부하기보다 사랑해야 합니다. 천천히 그 운명을 관조해봐야 합니다. 처음에는 바윗돌처럼 굳건하게 버티던 악운이라는 놈도 운명 앞에 당당한 당신의 모습에 슬그머니 물러서기 시작합니다. 원망이나 미움보다 더 무섭고도 대단한 능력이 사랑입니다.

운명을 사랑하는 그 시작이 자신을 존중하는 자존감의 시작입니다. 사랑은 모든 것들을 긍정적으로 바꾸는 능력이 있습니다. 당신이 운명을 사랑하기 시작한 어느 날, 주변 사람들이 빙긋이 웃으며 이렇게 물어보는 순간이 있을 것입니다.

"무슨 좋은 일 있으시죠?"

**당신이 등지지 않는 한 운명은
언젠가는 당신이 꿈꾸고 있는 대로
고스란히 당신의 것이다.**

— 《데미안》, 헤르만 헤세

재물을 끌어당기는 힘

역학에서는 돈을 '재財' 또는 '재물財物'이라고 표현합니다. 돈을 버는 사람들의 특징은 크게 두 가지로 볼 수 있습니다.

하나는 돈의 가치를 제대로 알고 있고 소중하게 생각한다는 것이고, 다른 하나는 타인으로부터 매력적으로 평가받거나 주목받는다는 것입니다.

사실 돈은 좋은 것이라고만 말하기에는 문제가 있고, 나쁜 것으로 폄하하는 것도 옳은 태도가 아닙니다만 돈의 액수와 비례하여 사람의 인격이 따라주지 못한다면 정말 큰 문제입니다.

주변을 한번 돌아보십시오. 편법을 부리거나 비정상적인 방법으로 부富를 이룬 사람도 있을 것입니다. 이들은 물질적 풍요 속에서 살아갈지는 몰라도 심각한 결함을 가지고 있거나 그 결함으로 돈을 잃게 될 가능성도 내포하고 있습니다. 많은 돈을 번 사람들이 심각한 문제를 갖고 있는 경우가 많습니다. 예를 들면 배우자 문제, 부부 불화, 자녀 문제, 건강 이상 등 또 다른 근심거리를 가지고 살아가는 경우가 많습니다.

이러한 문제점에도 불구하고 돈이 있으면 인생살이에서 다양한 기회를 얻을 수 있고, 정신적으로도 충만함과 여유를 누릴 수 있습니다. 재물이 많아 얻을 수 있는 가장 훌륭한 기회는 타인에게 베풀 수 있다는 점입니다. 자신과 관계 맺고 있는 가족이나 친구, 이웃들을 돌볼 수 있는 기회를 말하는 것입니다. 사실 빌 게이츠나 워렌 버핏 같은 세계적인 거부들은 사회를 위한 기부 행위를 삶의 가장 큰 기쁨이라고 말하기도 합니다.

타인에게 혜택을 베푸는 경우 돈을 직접 주는 것도 한 가지 방법이지만 기회를 준다는 생각으로 베푸는 것이 보다 현명한 방법입니다. 자식을 가르칠 때 돈으로 자식을 가르치면 망치기 쉽지만 성공할 수 있는 계기를 마련해주고 기회를 제공하면 돈으로도 살 수 없는 소중한 성공 지혜를 자식에게 전수하는 것입니다.

분명 돈은 많은 기회를 만들어줍니다. 따라서 돈을 비하하는 말을 하거나 돈을 업신여기면 돈도 당신을 경멸하게 됩니다. 성공하는 사람들은 돈을 소중하지만 위험한 대상으로 봅니다. 그들은 재물을 끌어당기는 힘이 있는데, 그것은 돈에 대한 저마다의 확고한 철학에서 나옵니다.

이러한 이유로 우리의 선조들은 돈이 있더라도 돈에 대해서 철학이 있는 부자들만을 진정한 부자라고 인정했습니다. 바로 노블리스 오블리제를 실천하는 부자들을 말하는 것입니다. 삼성생명공익재단을 설립해 전국에 병원을 짓고 전국 15개 도시에 23개 삼성어린이집을 운영하며, 3,200여 명의 불우아동을 지원하는 등 많은 사회기여활동을 하고 있는 삼성전자의 이건희 회장, 수많은 사회공헌사업을 펼쳐나간 유한양행의 고 유일한 박사, 세계적인 기부 순위 1~2위의 마이크로소프트 창업자 빌 게이츠, 금융계의 큰손인 오마하의 현인 워렌 버핏, 장애인 안내견을 훈련하여 분양하는 신세계그룹의 정용진 부회장, 사방 백 리 안에 굶어 죽는 사람이 없게 하라는 유언을 실천한 경주 최 부자 가문과 같은 부자들이 그들입니다.

기회를 찾아야 기회를 만든다.

― 패티 한센

당신은 여성들과
교감할 수 있는 사람입니까?

 역학에서 다루는 큰 테마 중 하나는 사람 내면에 존재하는 재물에 대한 욕망과 심리에 관한 것입니다. 재물에 대한 태도에 따라 운명이 갈리고, 재물이 우리 인생을 좌지우지하기 때문입니다.

엄청난 부를 이룬 자는 재물을 잘 이해한 사람들입니다. 다시 말해 돈의 심리를 제대로 이해하고 돈을 잘 다룬 사람들입니다.

저는 강의에서 돈을 벌려면 돈의 마음을 잘 이해해야 한다고 강조합니다. 그러면 "돈에도 마음이 있다구요?"라고 반문합니다. 그러면 또 저는 확신 있게 "그렇다"라고 대답합니다.

단적으로 말해 재물은 여자의 마음입니다. 여자의 마음을 얻으면 돈을 벌 수 있습니다. 부자들의 공통점을 보면 알 수 있듯이 그 비결은 첫째 'good listener'였습니다.

영국 런던에 전설적인 바텐더가 있었습니다. 그가 잘생긴 외모는 아니었습니다. 하지만 수많은 단골 고객들, 특히 여성 고객들의 열렬한 후원으로 유명해졌고 나중에는 매우 성공한 사업가가 되었습니다.

성공한 바텐더에게 물었습니다.

"당신의 무엇이 여성들의 마음을 움직인 겁니까?"

그는 씨익 웃으면서 말했습니다.

"글쎄요, 저는 그저 여성 고객이 하는 말을 주의 깊게 들었을 뿐인데요. 간간히 맞장구쳐 드리고 필요하면 격려와 칭찬을 해드렸죠. 진심을 담아서요."

그렇습니다. 여성의 마음을 얻는 방법은 다음과 같았습니다.

1. 상대방에게 집중하라. 눈을 편안하게 맞추고 교감하라.
2. 상대의 이야기에 집중하여 마음으로 들어주고 맞장구를 쳐라.
3. 상대의 이야기를 간단히 반복하면서 이야기의 호흡을 맞춰라. 예를 들면 "아, 글쎄 뭔 놈의 백화점이 그렇게 불친절하던지"라는 말에는 "백화점인데 불친절했어요?"라고 대응하는 것이다.

4. 간간히 구체적이고 센스 있는 칭찬을 하라.
   - 주의: 구태의연한 칭찬은 안 하는 것만 못하다.
   - 센스가 부족한 사람은 이 부분은 생략해도 좋다.
5. 당신의 분야에서 최선을 다하고 열심히 살아가되 여자 앞에 서는 잘난 체하지 말라.

민감한 여자들의 욕구, 감성적인 여자들의 감수성, 세심한 여자들의 깐깐함을 유쾌하게 받아줄 수 있는 감각을 가진 사람이 돈을 벌 수 있습니다. 여자들 마음속에 있는 미묘한 심리가 바로 '재물의 신'이기 때문입니다.

사주에 재물복이 없는 사람은 실제로 여성에게도 인기가 없습니다. 그러나 뼈를 깎는 노력으로 스스로를 바꾸어간다면 관상이나 사주가 변화하여 없었던 인기가 생기게 됩니다. 타고난 운명은 사주에서 나타나고 후천적인 노력은 관상으로 나타나는 것입니다.

**사람은 진정한 자신의 진가를 깨닫지 못하면
스스로에게 만족할 수 없다.**

— 마크 트웨인

후회와 걱정은 나쁜 운을 부른다

대개 사람들은 97퍼센트의 쓸데없는 걱정과 3퍼센트의 현실적인 걱정을 안고 살아간다고 합니다. 이 말은 우리의 통념을 비웃는 재미있는 사실입니다. 정신분석학자들의 이런 연구결과는 우리는 실제로 일어나지도 않을 불필요한 걱정을 하면서 살아가는 불합리한 존재임을 말해줍니다.

지나간 잘못을 후회할 때 우리가 가장 많이 입에 달고 사는 말은 이것입니다.

"만약 그때 그렇게 하지 않았더라면?"

이 말에는 '만약 그렇게 하지 않았더라면 잘되었을 텐데'라는 가정이 들어 있습니다. 그러나 우리의 인생은 그렇게 단순하지가 않아서 그렇게 하지 않았더라도 반드시 잘되었으리라는 보장이 없습니다. 이미 지나가버린 일에 대한 이런 후회는 전혀 발전적이지 못합니다. 내가 살아가게 될 인생에서 쓸데없는 자책감만 더하는 행동입니다.

지나고 나서 후회를 하기는 하지만 우리가 후회한 그 결정이 사실은 그 당시 선택의 기로에서 가장 현실적이고 합당한 결정이었는지도 모릅니다. 문제는 선택의 결과가 나의 마음에 들지 않기 때문에 후회가 마음속에서 생겨나 우리를 괴롭히는 것입니다.

'이게 아니었는데……'

만약 이런 기분으로 스스로 자책하거나 후회로 견디기 힘들어진다면 이겨내는 방법은 의외로 간단합니다. 수업료를 지불했다고 생각하거나 이 일로 인해 더 큰 재앙이나 후회를 막았다고 생각하라는 것입니다. 실제로 그런 생각으로 상황을 받아들이면 마음이 훨씬 편해집니다.

우리는 노력하면 부정적인 결과보다는 긍정적인 결실을 맺을 거라고 믿고 싶어 합니다. 열심히 준비하고 최선을 다하면 그에 합당한 대가를 받는 것이 순리라고 생각하기 때문입니다. 하지만 인생에는 리바운드 현상rebound phenomenon이라는 것이 있습니다. 이것을 속칭 금단증후군禁斷症候群이라고도 말합니다. 최선의 노력을 다한다 해도 반드시 좋은 결과로 나타나지만은 않는다는 것입니다. 때로는 좋은 행동에 대한 결과로 더 나쁜 결과가 나오기도 합니다. 단순히 나쁜 것을 넘어 설상가상으로 도저히 감당할 수 없는 비참한 지경에 내몰리기도 합니다. 세상을 살다 보면 이처럼 이해할 수 없는 일들이 다반사로 발생합니다.

또한 선택의 결과는 동일하게 적용되더라도 그것을 받아들이는 사람의 태도에 따라서 전혀 다른 결과로 전개될 수도 있습니다. 이런 경우 특정인의 인생이 극단적으로 엇갈릴 수 있습니다. 똑같은 비극을 당해도 어떤 사람은 그것을 계기로 큰 성공을 이루는가 하면, 또 다른 사람은 비극적 상처를 극복하지 못하고 자포자기하게 되어 비참한 결말을 맞이하는 경우를 종종 볼 수 있습니다. 잘못된 결과가 자신의 선택으로 말미암은 것이라는 사실에 쉽게 자책하고, 그 자책이 너무도 큰 나머지 현실을 이겨낼 수 있는 힘을 상실하는 경우입니다. 심리학의 방어기제인 자기합리화를 통해서 자기방어를 해보지만 자책으로부터 해방되지 못하고 결국은 무너져 내리는 경우를 말합니다.

후회라는 것은 시간의 굴레를 벗어나면 자연히 지나가는 것이고, 우리는 망각이라는 축복을 통해 지나간 과거를 희석해나 갑니다. 당장의 후회스러운 결과에 목매지 말고 다시 일어설 밑거름으로 삼는 것이 좋습니다. 후회할 때 우리가 사용하는 방어기제는 억압이나 회피입니다. 하지만 보다 고차원적인 방법은 후회의 감정을 승화시키는 것입니다.

마음속에 억울한 기분이 들거나 화가 난다면, 구태여 회피하거나 억누르지 말고 가만히 그 마음을 들여다보는 행위가 승화입니다. 그렇게 하면 후회되는 마음도 처리할 수 있습니다. 일부러 피하려고 하면 더욱 난리를 치는 것이 우리의 마음입니다. 마음이 시키거나 상황이 그렇게 진행되어 일어나는 일이 바로 운입니다. 마음이나 운은 일부러 격동시키면 더욱 어지러워지지만 가만히 들여다보고 하는 행동을 관찰하면 의외로 조용해지고 순해집니다.

승화의 과정을 쉽게 하기 힘든 사람들은 그보다 낮은 단계인 회피나 억압의 방법을 사용합니다. 과거에 잘못된 선택을 했더라도 그것은 자기 탓이 아니라 운이 나빠서 그런 것이라고 돌려버리는 것입니다. 괜히 '잘되면 자기 노력이고 안 되면 팔자 탓'이 있는 것이 아니랍니다.

마음에 담아두었다가 꺼내 보는 것이 꼭 추억만은 아니니다. 다음 구절들을 읽고 마음에 새기면서 후회와 애석한 마음을 다스려보는 것은 어떨까요?

- 지나간 슬픔에 아파하지 말자.
- 이미 지나간 버스를 불러봤자 소용없다. 차라리 택시를 타자.
- 저지르지 않고 걱정하는 것보다 저질러놓고 후회하는 편이 좀 더 낫다.
- 반성은 마음을 다스리고 후회는 마음을 어지럽힌다.
- 팔자로 없어진 것은 팔자로 다시 생겨난다.

정말로 끝날 때까지는 끝난 것이 아닙니다.

비관주의자는 매번 기회가 찾아와도 고난을 본다.
낙관주의자는 매번 고난이 찾아와도 기회를 본다.

― 윈스턴 처칠

실패적 자아를 이겨내는 방법

대다수 실패자들은 제 스스로 정해놓은 한계로 인해 좌절하고 실패하는 경향이 큽니다. 이러한 기질을 가진 사람들의 자아 성향을 '실패적 자아'라고 부릅니다. 실패적 자아는 일시적인 실패의 경험을 하는 순간 그동안 갖고 있던 인내, 의지 같은 긍정 에너지를 부정 에너지로 전환하는 속성을 가지고 있습니다. 예를 들어 오랫동안 끊었던 담배를 다시 피우게 만든다든가, 지금 이 순간을 벗어나고 도망가고 싶게 만듭니다. 사람들과 어울리는 것을 꺼리게 되고, 자신을 부정하기 시작하며, 어두운 골방에서 자기만의 생각에 빠져들게 합니다.

정신분석의 정도언 박사의 《프로이트의 의자》를 보면 우리의 마음은 마치 순두부와 같다고 표현합니다. 조금만 건드려도 흔들리고 쉽게 뭉그러져서 상처가 오래 남습니다. 이러한 상황으로부터 본인을 지키는 것을 방어기제라고 부르는데 이것은

'두렵거나 불쾌한 정황, 욕구 불만 상태에서 스스로를 방어하기 위하여 자동적으로 취하는 적응 행위'로 정의됩니다. 실패적 자아는 방어기제가 무너진 경우에 많이 발생합니다. 방어기제가 무너지고 실패적 자아가 스스로를 지배하게 되면 '우울증', '자기비하', '자살', '비사회적인 행동' 등으로 나타납니다.

실패적 자아를 이겨내는 방법 중에서 좋은 방법은 바로 '승화를 통한 자기확신'입니다. 전통적인 정신분석학에서 다루는 범주는 아니지만 '승화를 통한 자기확신'은 매우 유용합니다. 우리는 먼저 자신을 믿는 것부터 시작해야 합니다. 누구나 경험적으로 알 수 있듯이 자신을 믿지 않으면 어떤 것도 할 수 없고 이룰 수 없습니다. 힘들지만 조그마한 것부터 바꾸어나가야 합니다. 쉽게 할 수 있는 가벼운 것부터 바꾸어나가야 합니다. 매일 아침에 일찍 일어나기, 이빨 잘 닦기 등 가벼운 습관부터 고쳐나가면서 습관의 난이도를 올려나가는 것입니다. 긍정적으로 생각하기 위해서는 몸의 상태가 중요합니다. 많이 움직이고 바쁘게 살면서 목표를 정하고 몰입해나가면 목표의식이 생깁니다.

몸에 목표의식과 의지가 생기면 밤에 숙면을 취하게 됩니다. 앞의 개운법에서도 말했지만, 숙면을 제대로 취하지 못하게 되면 병에 걸리기 쉽습니다. 만약 몸에 병이 생겼다면 당장 병원의 도움을 받든가 다른 효과적인 방법을 찾아서 몸을 치유시켜야 합니다. 육체적으로 아픈 사람에게 긍정 마인드가 찾아오기는 쉽지 않기 때문입니다.

이런 노력들을 통해 어느 정도 단계에 도달하면 자신의 마음속에 '감정의 승화를 통한 자기확신'이 자리 잡을 여유가 생겨납니다. 그러면 마음속에 '성공적 자아'가 자리 잡게 됩니다.

**대학 시절에 저는
학생운동의 주동자로 몰려서 큰 고초를 치렀지만
그 상황이 오히려 삶의 고비고비를
극복하는 데 많은 도움이 되었지요.**

**지금도 힘든 일이 생기면 당시 생각을 떠올리며
절벽 끝에 서 있다는 생각으로 임하곤 합니다.**

**살면서 위기가 오면 저는
오히려 기회로 생각하곤 합니다.
즉, 피할 수 없으면
도전하고 즐기자는 것이 저의 신조입니다.**

— *최동열, 디사모빌리 대표이사 회장*

실패하는 사주를 바꾸려면

노력에 비해 낮은 성과를 내는 사람들이 있습니다. 그 이유를 밝힌 한 연구 보고에 따르면 이는 사람들이 실패를 두려워하기 때문이라고 합니다. 보통 많은 사람들은 일을 시도하기 전에 부정적인 결과나 이미지를 떠올린다고 합니다.

'실패하면 남들이 나를 어떻게 볼까?'
'엄청난 웃음거리가 되지는 않을까?'
'창피해서 얼굴을 어떻게 들고 다니지?'

이런 부정적인 신호는 일을 하기도 전에 심리적 위축과 걱정 근심을 불러와 능력치를 제대로 발휘할 수 없게 만든다고 합니다.
그래서 높은 성과를 내는 사람들 이면에는 주변 사람들의 긍정적인 기대와 관심이 있었으며, 이를 통해 일에 대한 의욕과 자신감을 얻어 성공적으로 일을 수행하는 것입니다.

실제 보유한 능력 이상을 발휘하게 하여 높은 성과를 내도록 유도할 수 있다는 연구 보고는 많습니다. 이를 피그말리온 효과Pygmalion effect라고 부릅니다.

이를 실제로 증명한 실험이 있습니다. 하버드 대학에서 초등학생을 대상으로 사회심리학 실험을 했습니다. 무작위로 뽑은 20퍼센트의 아이들에게 "너희들은 지능이 높은 학생들이란다"라며 계속 믿음을 주고는 아이들의 학업 능력을 추적 조사했다고 합니다. 놀랍게도 이 20퍼센트의 아이들은 꾸준히 학업 성적이 향상되었다고 합니다. 아이들에게 능력을 인정해주고 자신감을 심어주자 능력은 배가되었습니다. 반대로 아이들의 능력을 무시하거나 폄훼하면 반대의 현상 또한 일어났습니다.

어떤 분야든 발군의 실력을 갖고 있거나 뛰어난 위치에 있는 사람들은 대개 실패를 통해 노하우를 습득하고 성공의 순간보다는 실패의 순간에 더 배웠다고 말합니다. 분명 '실패는 성공의 어머니'인 것입니다.

통계적으로 보면 위대한 위인이나 역사 속 영웅들은 사주팔자가 그다지 좋지 않은 경우가 많았습니다. 그들은 엄청난 시련과 실패를 겪지만 이를 딛고 나아가거나 인내하여 자신의 그릇을 크게 만드는 사람들입니다. 비범한 사람들은 실패를 그냥 흘려보내지 않고 재기를 위한 계기로 삼아 실패를 성공의 에너지로 변화시킵니다. 그리고 삶을 자신의 것으로 만들어나갑니다. 심리학자들은 이를 두고 '성공 마인드 growth mindset'라고 합니다. 이것은 우리의 지능이나 두뇌도 노력과 학습을 통해 향상될 수 있다는 것을 의미합니다.

사주가 나쁜 사람들은 성장 가능성이 높다는 의미로 해석되기도 합니다. 내게 쓴맛을 안겨준 경쟁자는 나의 큰 스승이며 나를 버리고 떠난 이성은 나의 연애 코치일 수도 있다는 생각은 우리를 보다 큰 차원으로 인도합니다. 실패를 통해 배우고 있는 나 자신은 충분히 변화 가능한 존재입니다. 열심히 달리다가 넘어지면 잠시 쉬면서 넘어진 이유를 생각하고 다시 달리기 위한 시간을 가지는 것이 인생입니다. 두려움에 매몰되기보다는 두려움을 이기는 자신을 생각하는 것이 유익합니다.

넘어지는 두려움보다는 끝까지 달려가 결승선을 통과하는 자신의 모습을 생각해보십시오. 내가 포기하지 않으면 그 누구도 나를 실패자라 부르지 않습니다. 우리가 살아가는 인생이란 것은 도전을 멈추지 않는 사람이 최종 승자입니다.

물질적 집착의 무의미함

 무언가를 잃는다는 것은 물질적인 것이든 정신적인 것이든 사람을 고통스럽게 합니다. 헤어 나오지 못하거나 집착에 사로잡혀 순응해버린다면 과연 어떻게 될까요?

미국을 여행하던 중 운전기사가 들려준 한 도박 중독자에 대한 이야기입니다.

라스베이거스를 우연히 들렀던 평범한 여행자가 슬롯머신에서 잭팟이 터지자 자신의 대박 운을 믿고 계속 머니 게임에 도전했다고 합니다. 그러나 행운은 단 한 번이었고 요행의 꿈은 결국 그를 도박 중독에 이르게 했습니다. 이후 그의 인생은 완전히 꼬이기 시작해 직장도 가족도 잃고 알코올 중독자로 전락해 결국 그는 스스로 삶을 마감하는 비극을 맞게 되었다고 합니다.

대박의 꿈은 짜릿한 흥분, 긴장감으로 스스로를 도취시킵니다. 이번 한 번만 대박을 치면…… 이런 욕망은 쉽게 멈추는 법이 없습니다. 그것이 완전히 실현될 때까지 멈추지 않습니다. 욕망은 결코 만족을 모릅니다. 쉴 새 없이 더 큰 욕망을 낳기 때문입니다.

내 손을 떠난 재물을 되찾으려는 욕심은 잃어버린 것에 집착하게 만들고 가장 소중한 것을 잃게 할 수도 있습니다. 돈이나 사람, 지위나 명예 그 모든 것엔 이런 속성이 있습니다.

이렇게 생각해볼 수도 있습니다. 내가 어떤 것을 꾀거나 선취하여 승리의 환호성을 지를 때 다른 누군가는 돈이나 가치 있는 것을 잃고 그 결과로 어디에선가 눈물짓고 있다면, 내가 누리는 현재의 재물이나 승리에는 대가가 따른다고 말입니다. 그래서 성경에서는 부자가 천국에 드는 것이 그만큼 어렵다고 가르치는 것입니다.

물질적인 혜택의 대표적인 것이 돈입니다. 이 돈이라는 것은 돌고 돈다고 하여 돈이라고 합니다. 내 손을 떠난 돈은 멀리 돌고 돌아서 결국은 다시 내 손에 되돌아오기도 합니다.

만약 여러분들이 자신의 잘못된 선택이나 바보 같은 행동으로 돈을 잃거나 사기를 당했다면 거기에서 멈추어야 합니다. 돈이나 재물을 잃어버린 것은 나중에라도 다시 찾을 수 있습니다. 결국은 내가 이 세상을 떠날 때 모두 버리고 가는 덧없는 것들입니다. 그러므로 돈과 직장을 잃더라도 마음까지 잃어버려서는 안 됩니다. 마음을 잃어버리게 되면 모든 것을 다 잃게 되는 것입니다.

이미 떠나버린 것에 연연하기보다 지금 자신 안에 있는 것을 되돌아보고 소중히 지켜나가는 것이 현명합니다. 이 세상의 모든 희로애락은 모두 나의 마음이 만들어낸 것들입니다. 슬픔도 결국은 마음이 만들어낸 허상입니다. 더구나 물질은 더욱 무상한 것입니다.

삶이 끝나는 날 당신이 가지고 갈 수 있는 것들이 무엇인지 한번 생각해보십시오. 모든 집착은 모두 허망한 것입니다.

**큰 집이 천 칸이 있다 해도 밤에 눕는 곳은 여덟 자뿐이요
좋은 논밭이 만 경이나 있어도 하루 먹는 것은 두 되뿐이다.**

— 《명심보감》 성심 편

고통의 크기만큼 성공한다

고통은 사람을 마비시킵니다. 하지만 그 순간 자신을 비우고 다른 관점으로 고통을 바라보면 고통은 곧 지혜를 낳는 씨앗이기도 합니다. 세상에서 승자가 되고 싶으면 고통과 친구가 되는 방법을 터득해야 합니다. 너무도 명백한 사실은, 이 세상의 무수히 많은 승자들은 고통을 이겨내고 성공한 사람들이라는 점입니다.

뛰어나거나 편안한 삶을 사는 사람들은 사주팔자가 좋은 사람들이 대부분이지만 영웅들은 사주팔자가 나쁜 경우가 많습니다. 수없이 많은 난관과 죽을 고비, 파란만장한 인생길을 헤치고 뛰어넘어 결국 불세출의 위인이 되는 것입니다. 대부분의 평범한 사람들은 그 고통을 이겨내지 못하고 지게 되지만 우리가 어린 시절에 즐겨 보던 위인 전집에 나오는 영웅들이나 위인들의 삶을 한번 살펴보십시오. 세상을 변화시키고 호령한 영웅이나 위인들은 모두 고통을 이겨낸 사람들입니다. 그래서 영웅이나 위인이 될 확률은 낮습니다. 하지만 영웅들에게 고통은 선물이요, 고난은 보너스인 셈입니다.

대제국을 이루었던 칭기즈칸은 이렇게 말했다고 합니다.

"자고 일어나서 다시 잠자리에 들기까지 한 번도 편안했던 적이 없었다."

큰 인물이 될 그릇은 험난한 상황을 그대로 받아들이고 감당합니다. 영웅 이야기와 난관 돌파의 필요성에 백 퍼센트 동감한다 해도 이를 평범한 사람들이 실천하기란 쉽지 않은 일입니다. 그렇다면 그 고통에서 벗어나는 방법을 배울 수는 없을까요? 이에 대한 답변은 수많은 위대한 인물들의 진술을 통해서 들을 수 있었습니다.

자신을 낮추는 자가 배울 기회를 얻게 되고, 배울 기회를 얻는 자가 자신을 비울 줄 알게 되며, 자기를 비울 줄 아는 자는 고통과 친구가 되며, 고통과 친구가 되는 자는 더 큰 지혜를 얻으며, 더 큰 지혜를 얻은 사람은 비로소 자신을 비울 줄 알게 되며 이 세상의 승리자가 됩니다.

임상심리학자 대니얼 고틀립 박사는 사실 그 자신이 온 몸으로 이를 입증하고 있습니다. 그는 고교 시절부터 겪은 학습

장애로 낙제를 거듭하여 대학을 두 번 옮긴 끝에 심리학 박사 학위를 받고 정신과 전문의가 되었습니다. 비극적이게도 33세에 교통사고로 척추 손상을 입어 사지가 마비되고 맙니다. 그는 전신마비로 인한 우울증을 기적처럼 극복하고 다시 시작했지만 사랑했던 아내가 그에게 이혼을 요구하면서 더욱 극심한 우울증에 빠집니다. 하지만 자녀들의 방황, 아내와 누나, 부모님의 죽음 등 계속되는 비극을 삶의 지혜와 통찰력, 연민으로 극복하고 30여 년간의 심리 치료 상담을 바탕으로 세상에서 아픔을 겪는 사람들의 마음을 치유하는 명의로 거듭나게 됩니다.

사람은 자신이 감당한 고통만큼 성장합니다. 정신의학자 스캇 펙 박사는 《아직도 가야 할 길》에서 "한 사람의 위대함의 척도는 고통을 감수하는 능력이라고 할 수 있다. 위대한 사람은 고통을 기쁘게 생각한다. 그래서 고통은 곧 기쁨이라는 역설이 성립하는 것이다"라고 말했습니다.

이 순간이 실패로 보일 수 있지만, 인생 전체를 두고 보면 지금의 실패는 진짜 실패가 아니라 더 큰 성공을 위한 소중한 경험이 될 수 있습니다. 우리가 뭔가를 시도하여 실패한 것은 결코 경험할 수 없었을 새로운 세계로 나가는 문인지도 모릅니다.

나를 괴롭히는
사람으로부터 벗어나기

세상을 살다 보면 좋은 인연도 있지만 나쁜 인연도 있습니다. 사람마다 인연은 상대적이라서 내게 나쁜 인연이라 해도 다른 사람에게는 괜찮은 인연이 될 수도 있습니다. 성폭행범인 남자가 집 안에서는 자상한 남편이나 아빠인 경우도 있습니다. 유순한 사람도 화가 나거나 특정한 상황에서는 폭력적인 성향으로 돌변하기도 합니다.

나쁜 인연을 맺은 사람에겐 어떻게 대응해야 할까요? 인연을 끊어버리면 된다고 쉽게 치부해버릴 수 있지만 생각만큼 간단하지 않습니다. 만약 그런 사람과 같은 부서나 모임에서 얼굴을 맞대고 생활해야 한다면? 핏줄로 연결된 끊을 수 없는 인연이라면? 어떻게 해야 할지 참으로 난감한 문제가 아닐 수 없습니다.

《코드 리딩》을 쓴 심리학자 릴리안 글래스는 '코드 뽑기' 스킬을 알려주며 인연을 정리하는 법을 명쾌하게 말하고 있습니다.

남을 초라하게 만들고 상대적 박탈감을 느끼게 하는 못된 사람들로부터 코드 뽑기를 해야 한다. 이 스킬의 특징은 그들과의 감정의 선을 끊어버리는 것이다.

상대방을 이해할 준비가 안 되어 있는 사람이나 말을 나눌수록 관계가 더욱 악화되는 인연의 경우 사람 때문에 감정을 소모하는 것은 자신이나 상대를 위해서도 좋지 않습니다. 릴리안 글래스의 코드 뽑기의 특징은 무관심이 아니고, 연결된 감정의 고리를 철저하게 끊어버리라는 것입니다. 그와 연결된 관계를 끊으라는 것이 아니라 그와 연결된 감정의 선을 끊는 것이기 때문에 분노할 일도, 동요할 일도, 상처 받을 일도 없습니다. 가급적 예의를 갖추어서 코드를 뽑는 것이 중요합니다. TV 전원의 콘센트를 뽑아버리듯이. 그러나 코드 뽑기는 상대방과의 관계 개선을 위해 충분히 노력하고 나서 시도하는 것이 좋습니다.

인간관계를 끊어버리기는 쉽지만, 좋은 인연을 이어가는 것은 실로 어렵습니다. 상대와의 인연으로 내가 미쳐버리기 일보 직전일 때 내가 살기 위한 방법으로 사용하는 것이 코드 뽑기입니다. 인간관계 때문에 힘들어하는 사람에게 권하고 싶은 방법입니다.

상대방을 설득하고 싶거든

 세상을 살아가면서 자신이 원하는 대로 상대방이 따라준다면 참 좋을 것입니다. 사원을 고용한 사장이나 학생을 가르치는 선생님, 자녀를 가르치는 부모 분들에게 이러한 스킬이 있다면 정말로 마법 지팡이 같다는 생각을 하게 될 것입니다. 보통 이런 경우 외부 압력이나 보상을 통한 방법으로 상대방을 컨트롤하려고 합니다. 이름하여 당근과 채찍 효과로 비유됩니다.

이러한 논리는 1965년 심리학자 프리드만의 실험을 통해 알려졌습니다. 실험은 자녀 교육에 있어서 꼭 해야 할 일과 해서는 안 될 일이 무엇인가를 분명히 제시해주었습니다.

프리드만은 2학년에서 4학년 어린이들을 대상으로 실험을 하였는데, 그들에게 어떤 특정 장난감을 가지고 놀아서는 안 된다고 지도하고 6주일 후에도 과연 그들이 금기를 지키는지 확인해보았습니다. 그는 어린이들이 금지된 장난감을 가지고 노는 것이 옳지 않다고 스스로 판단한다면 시간이 지나더라도 지킬 것이라고 생각했습니다. 그러나 문제는 어린이들로 하여금 그들이 매우 좋아하는 로봇 장난감을 가지고 노는 것이 왜 옳지 않은가를 확신시키는 일이었다고 합니다.

아이들이 지시에 일시적으로 복종하도록 만드는 것은 별로 어려운 일이 아니었다고 합니다. 단지 아이들에게 그 장난감을 가지고 놀다가 들키면 큰 벌을 받을 것이라는 위협 정도로 충분했다고 합니다. 그러나 이러한 외부적인 위협은 그 위협 요소가 사라지게 되자 아무 소용이 없는 결과로 나타났습니다. 외부적인 압력과 제한은 일시적인 순종은 가져오지만 장기적으로 볼 때는 그리 효과적이지 않았다는 것입니다. 그러나 교육을 통해 자신들의 행동에 대해 책임을 지고 자발적인 결정으로 행동하게 만드는 경우는 교육 효과가 오랫동안 지속되었다고 합니다.

이처럼 상대방에게 내가 원하는 일을 하도록 만들려면, 외부적인 박탈 요인이나 위협 요인이 아닌 스스로의 판단으로 그것이 옳은 일이라는 가치관을 심어주는 노력이 필요합니다.

역학도 이처럼 외부적인 통제보다 내적인 자기 책임을 강조합니다. 현재 본인이 힘든 이유를 설명하고, 그러한 상황에서 벗어나려면 어떠한 처신을 해야 하는지 깊이 인식하는 것에서 내적인 자기 책임이 생깁니다. 이럴 때는 그 사람이 믿고 있는 상식에 근거해서 설명해야 합니다. 그러다 보니 막연하게 구름 잡는 식으로 상담을 해서는 상대방이 납득하기 힘든 상황에 놓이게 됩니다.

상대방을 내가 원하는 방향으로 움직이게 하려면 상대방의 눈높이에서 판단할 때 내가 원하는 방향이 왜 그럴 만한 가치가 있는지 공감할 수 있도록 하여야 합니다. 특히 상대방의 사주가 강할 때는 상대방의 눈높이에 비중치를 크게 두고 상대방이 주로 사용하는 용어나 개념을 사용하여 그 스스로 답에 도달하도록 만드는 방법입니다. 상대의 호흡에 맞추어 경청을 하고, 내가 원하는 것이 왜 상대에게 필요한 것인지 적절한 타이밍에 진심을 담아 설득하면 됩니다. 상대의 지적 수준이 높을수록, 인생 경험이 많을수록 이 방법은 매우 효과적입니다.

만약 상대방이 불같이 화가 난 상태라면 같이 맞서지 말고, 그 사람이 왜 화가 난 것인지 주파수를 맞추려고 노력하시기 바랍니다. 이러한 당신의 진심 어린 노력은 오히려 상대방의 관심을 끌게 될 것입니다. 위기가 기회라는 말은 이때 사용하는 것입니다.

상대방이 나에게 감동하거나 호기심을 가지기 시작했을 때 당신이 원하는 바를 슬쩍 밀어 넣어 보십시오. 그러면 신비의 마법이 발동되어 상대방은 당신이 원하는 것을 들어주고 싶어집니다. 구태여 어떤 보상을 주지 않아도 충분합니다. 상대방에게 내적 책임을 지도록 만드는 최고의 스킬은 배려와 공감입니다. 배려와 공감이 상대를 내가 원하는 대로 만드는 키워드입니다.

**인간은 운명의 포로가 아니라
단지 자기 마음의 포로일 뿐이다.**

— 프랭클린 루스벨트

어설픈 충고는 타인에게 독이다

 남에게 충고나 조언을 할 때 노하우가 있습니다. 불경《증지부경전增支部經典》에는 다섯 가지를 유의해서 충고할 것을 가르쳐줍니다.

첫째, 충고할 만한 때를 가려서 말하고, 알맞지 않을 때는 말하지 않습니다. 상대방을 위한다는 마음으로 조언을 했다 하더라도 그 시기가 적절하지 않다면 오히려 역효과가 나기 때문입니다. 내 마음이 내켜서 충고하려고 하지 말고, 그 사람이 받아들일 만한 준비가 되었는지 살펴보고 충고하여야 합니다.

둘째, 진심으로 충고하고 거짓되게 하지 않습니다. 진심과 거짓의 차이는 무엇일까요? 이런 분별이 쉽지는 않습니다. 다만 무언가 의도하는 바가 있느냐, 없느냐의 차이가 아닐까 합니다. 상대방의 환심을 사려 하거나 좋은 인상을 얻기 위하여, 또는 자신이 스스로 의로워지기 위하여 하는 말은 거짓 충고입니다. 많은 사람들은 상대방을 위해서가 아니라 나의 불편을 줄이기 위해 충고하는 경우가 많습니다. 과연 그런 충고가 상대방을 위한 것인지, 자신의 진심인지 한번 생각해볼 필요가 있습니다.

셋째, 부드러운 말씨로 이야기하고 거친 말을 쓰지 않습니다. 좋은 마음으로 부드러운 눈매와 미소를 띠고 충고하도록 노력합니다. 충고랍시고 지저분한 욕설을 하면서 상대방의 마음을 바꾸려는 사람들이 있다면 그 거친 말이 상대방의 감정을 자극하여 자칫 나쁜 운으로 이끕니다.

넷째, 의미 있는 일에 대해서만 이야기하고 무의미한 일은 말하지 않습니다. 내가 아무리 충고를 해도 그 사람이 받아들이기 힘들어하면 불필요한 것입니다. 그 사람에게 지금 하는 충고가 의미 있을 때만 말하도록 해야 합니다. 마음의 병이 깊은 사람들에게는 오히려 충고가 상처가 됩니다. 우울증이 심한 사람에게 아무리 좋은 말을 쏟아낸다 해도 들릴 리 없습니다. 그 사람에게 필요한 사람이 되고 필요한 이야기를 해주는 것이 좋습니다.

다섯째, 인자한 마음으로 이야기하고 성난 마음으로는 말하지 않습니다. 인의 마음은 상대방을 사랑하고 배려하는 마음입니다. 사람은 본래 둘이 만나면 서로를 사랑하고 아끼는 존재로 살아야 하기에, 그 본성을 가리켜 인이라고 합니다. 인의 마음은 어버이의 마음으로서 화난 마음으로는 그 자식을 가르쳐도 별 효과가 없습니다. 인자한 마음으로 상대방을 이해하려고 하십시오. 화난 마음으로는 상대방이 보이지 않습니다.

내 마음에 번뇌가 쌓여 성난 마음이 생긴다면, 가급적 사람들과의 접촉을 피하고 혼자만의 시간을 갖도록 하십시오. 잠시라도 멀리 떠나고 싶다면 훌쩍 떠나보는 것도 좋습니다. 혼자만의 시간 속에 있으면 스스로 자신을 선명하게 볼 수 있습니다. 그리움, 외로움, 번민, 동경, 분노 등 모든 감정이 자신의 현재를 알게 해주며 되돌아볼 여유를 갖게 해줍니다. 내가 온전하지 않은 상태로 상대에게 충고할 수 없습니다. 내가 편안하고 완전한 마음일 때 상대를 제대로 볼 수 있고 비로소 상대에게 충고할 수 있습니다.

**남자의 진심은 취중에 드러나고
여자의 진심은 화날 때 드러난다.**

— *하늘산*

아첨과 칭찬의 엄청난 차이

아첨과 칭찬의 차이를 못 느낄 때가 많습니다. 뉘앙스는 좀 달라도 상대방을 높여준다는 점에서는 동일하기 때문입니다. 하지만 그 숨겨진 의도와 목적을 헤아려보면 차이는 분명합니다.

칭찬은 상대방이 잘되기를 바라는 격려이기에 이타적인 마음이 들어 있습니다. 진정한 칭찬은 대인배의 마음이 없다면 하기 힘듭니다. 하지만 아첨은 상대방을 이용해서 무언가를 얻으려는 의도가 확실하기에 매우 이기적인 행동입니다. 거기에는 상대방을 무너뜨리거나 상대를 퇴보시키려는 꼼수가 숨겨져 있을 수 있습니다. 아첨은 상대를 자만에 빠지게도 합니다.

심리학 이론에 내적 동기와 외적 동기라는 것이 있습니다. 내적 동기란 어떤 행동이나 사건이 사람의 내면으로부터 출발했을 때 사용하는 용어이고, 외적 동기는 어떤 행동이나 사건이 외부의 작용에 의해 일어났을 때 사용하는 용어입니다. 상대방을 변화시키고자 할 때 잘하는 일에 칭찬해주고 상을 주는 것은 외적 동기를 강화시키는 행동입니다. 하지만 이런 외적 동기는 상이나 칭찬이 없으면 효과가 떨어진다는 부작용이 있습니다. 이에 비해 진심 어린 칭찬은 상대방의 내적 동기를 자극해 고양시키기 때문에 변화 가능성이 높습니다. 상대방이 실수를 했거나 잘못을 했을 때 그 사람의 긍정적인 부분을 북돋아주면 더 긍정적인 효과를 얻을 수 있습니다. 그것은 실수나 잘못을 자책하는 함정에서 빨리 벗어나게 하여 상황을 발전적으로 반전시킵니다.

경전인 《유교경遺敎經》에 아첨에 관한 다음과 같은 구절이 있습니다.

> 아첨이란 부끄러운 것! 아첨하는 것은 진리와 어긋난다. 그러므로 그 마음을 바르게 가져야 한다. 아첨은 자신도 속이고 남도 속이나니 진리의 문에 들어온 사람에게 아첨이란 부끄러운 것이다. 그대는 마땅히 마음을 단정히 가져 오직 정직으로써 근본을 삼을지어다.

고구려의 시조 주몽朱蒙의 어머니인 유화부인의 설화를 살펴보면, 고구려의 건국은 유화부인의 지혜로움이 없었다면 아마도 불가능했을 것입니다. 자칭 천제天帝의 아들이라고 하는 해모수와 통정通情한 유화부인은 격노한 부모로부터 집에서 쫓겨나는 신세가 됩니다. 임신한 채 연인에게서도 버림받은 유화부인은 부여왕인 금와왕을 만나 감금당하는 고초를 겪지만 꿋꿋이 버텨내고 주몽을 낳게 됩니다. 그리고 주몽에게 아버지 해모수를 진심으로 칭송하며 아들에게 천제의 자식임을 잊지 않게 하여 마침내 고구려를 건국하는 제왕으로 키웁니다. 유화부인이 남편 해모수와 아들 주몽에 대한 진심 어린 칭찬과 갈채를 보내지 않았다면 아들 주몽의 고구려 건국은 가능하지 않았을 것입니다.

칭찬을 통해 고양되는 자긍심은 어떤 목적을 이루는 데 매우 중요한 덕목입니다. 민족에 대한 자긍심이 국가의 힘을 키우고 나라를 번성하게 한 사례는 매우 많습니다. 세계적인 강대국이 된 독일이나 미국, 중국과 같은 국가들의 특징은 국민들이 스스로의 정체성에 대해서 자부심을 가지도록 한다는 것입니다. 국민들이 스스로의 국가를 믿고 자랑스럽게 생각하는 자부심이 나라를 부강하게 만드는 원동력이 됩니다.

건강한 민족의식은 나라를 번성하게 합니다. 그것이 신화의 형태로 전해지든, 아니면 역사교육으로 후손에게 전해지든 긍정적인 자부심은 그 민족을 부강하게 만드는 원천입니다. 아첨은 인간을 나약한 방향으로 몰고 가지만 진심 어린 칭찬은 보다 건설적이고 발전적인 방향으로 나아가도록 이끌어줍니다.

**죽을 위기에 처한다 해도 사람과의 관계를 좋게 형성한 사람은
반드시 그 위기에서 벗어나 장차 크게 발전한다.
이것이 바로 정기淸氣라는 것이다.
인간관계를 좋은 운의 근본으로 삼는 것이 좋다.**

— 제갈공명

삶의 괴로움과 즐거움은
찰나일 뿐

 어느 날 다윗 왕이 궁중의 세공인을 불러 명했습니다.

"나를 위해 아름다운 반지 하나 만들도록 하라. 그리고 내가 전쟁에서 큰 승리를 거두고 환호할 때 교만하지 않게 하고 내가 큰 절망에 빠져 낙심할 때 크게 좌절하지 않게 하고, 스스로에게 용기와 희망을 줄 수 있는 글귀를 반지에 새겨 넣어라."

세공인은 아름다운 반지를 만들긴 했지만 글귀가 떠오르지 않자 고민 끝에 지혜롭기로 소문난 솔로몬 왕자를 찾아가 도움을 청했습니다.

솔로몬 왕자가 글귀를 주었는데 그것은 "이 또한 지나가리라 This too will pass away"였습니다.

우리가 사는 이 세상에 영원한 것은 없습니다. 우리의 삶, 지구의 모든 생물, 지구의 생명을 가능케 하는 태양, 모두가 그렇습니다. 언젠가는 모두 사라집니다. 영속적인 삶과 영구적인 행복을 위해 우리는 집을 짓고, 종교를 믿고, 후세를 교육시키지만 우리에게 영원은 없습니다. 영원한 것이 있다면 절대진리, 신, 절대 선 등 몇 가지뿐입니다. 그러니 광대한 우주에서 먼지보다 작은 우리 인간에게 모든 건 지나가는 꿈처럼 사라지고 다시 태어나고 다시 사라집니다.

나는 사회적으로 큰 성공을 거둔 지인에게 물어보았습니다.

"행복하십니까?"

"네, 아주 행복합니다. 사람들은 제가 사회적으로 성공해서 행복할 것이라고 생각하는데 그건 반은 맞고 반은 틀린 이야기입니다. 평상시부터 행복했고, 더 행복하고자 노력한 결과가 지금의 나입니다. 아니, 행복의 크기는 별로 변하지 않았습니다. 다만 하나의 행복이 지나가기 전에 다른 행복을 불러들였을 뿐이죠."

우리가 추구하는 가치 중에 영원하거나 절대적인 것은 별로 없습니다. 지금 사랑하는 사람에 대한 감정도 그렇습니다. 언젠가는 미움으로 변할 수 있고, 원수 같았던 경쟁자가 세상에 둘도 없는 친구가 되기도 합니다. 그러니 지금 이 시간, 이곳에서 함께하는 사람, 그리고 자신에게 부여된 시간을 영원처럼 생각하고 즐기는 것이 바로 행복입니다.

힘들고 지칠 때는 이 말을 다시 한 번 되새겨 보십시오.

이 또한 지나가리라.

**이 세상에서 가장 소중한 것은 가족의 사랑입니다.
나는 물질적인 만족보다 소중한 사람들로 인해서
더욱더 행복합니다.**

― *홍재성, 제이에스코퍼레이션 회장*

근심 걱정에 대처하는
에스키모의 자세

 에스키모는 자기 내면에 슬픔이나 걱정, 분노가 밀려오면 무작정 걷는다고 합니다. 실로 지혜로운 행동입니다. 걷는 것만으로도 많은 문제가 해결됩니다.

가슴에 밀려오는 슬픔이 가라앉을 때까지, 걱정이 더한 걱정으로 번지지 않을 때까지, 밀려드는 분노가 풀릴 때까지 그렇게 하염없이 걷습니다.

걷다 보면 자신도 알 수 없는 사이에 마음의 평화가 찾아오는 순간이 옵니다. 바로 그 순간 에스키모는 뒤돌아서서 그 자리에 막대기 하나를 꽂아둡니다. 그리고 집으로 다시 돌아옵니다.

그러다가 살다 보면 슬픔이나 걱정, 분노가 다시 밀려옵니다. 에스키모는 이전에 걸었던 길을 다시 걷습니다. 그렇게 걷다 보면 자신이 꽂아두었던 막대기가 보이고 그 막대기를 뽑아서 마음의 평화가 올 때까지 마냥 나아갑니다. 아직 막대기가 보이지 않는다면, 이전보다 그다지 슬프지 않다는 뜻입니다.

우리 마음속의 슬픔이나 걱정이란 놈은 전면에 드러나는 것을 부끄러워하고 싫어합니다. 그래서 가만히 들여다보는 행위가 도움이 되는 것입니다. 슬픔, 걱정을 응시하며 자기 마음을 들여다보면 근심 걱정을 초래한 원인이 보이게 됩니다. 대부분 그 원인은 자기 자신에서 비롯됩니다.

아무것도 안 하면서 가만히 들여다보면 자꾸만 머릿속에 잡념이 들어옵니다. 그래서 육체를 사용해 걷는 것이 도움이 됩니다. 사실 인간의 우울증은 걷는 행위, 몸을 쓰는 행위가 부족해지면서 생겨난 병입니다. 머리로만, 생각으로만 삶의 문제를 해결하다 보니 육체와 정신의 균형이 깨져 마음의 병이 생기는 것입니다. 마음의 병은 육체를 쓰는 행위, 즉 신성한 노동을 하거나, 땀을 흘리거나, 춤을 추거나, 봉사를 하는 등 몸의 사용을 통해 해결될 수 있습니다.

몸에 병이 생기면 음식 양을 줄이고 채식으로 바꾸어보는 것도 좋습니다. 그리고 걷고 뛰고 움직이는 것입니다. 고개는 바르게 펴고 머리 정중앙의 백회百會가 하늘로 향하도록 걸어야 세상의 바른 기운을 맞을 수 있습니다.

당연한 이야기지만 세상을 살다 보면 슬플 때도, 힘들 때도, 걱정스러울 때도 있습니다. 누구나 다 겪는 일입니다. 나만 그런 것도 아니므로 괜찮아지겠죠?

좀 슬프면 어떻습니까?
좀 혼란스러우면 어떻습니까?
좀 못하면 어떻습니까?

이런 생각을 갖고 사는 정신의 지구력이 필요합니다.
오늘도 천천히 걸으면서 나의 마음을 들여다봅시다.

**승자가 즐겨 쓰는 말은 '다시 한 번 해보자'이고
패자가 즐겨 쓰는 말은 '해봐야 별 수 없다'이다.**

— 탈무드

이별로 힘든 사람들의 대처법

나고 죽는 길이
여기 있어 두려워
'나는 가노라'
말 한마디 못하고
가는구나.

어느 가을 이른 바람에
여기저기 떨어지는 나뭇잎처럼
한 가지에 태어나서도
가는 곳 모르는구나.

아아!
아미타 정토에서 만난 날
도 닦으며 기다리련다.

— 〈제망매가祭亡妹歌〉, 월명사

마음이 어리석으니 하는 일이 다 어리석다.
만중 운산(萬重雲山)에 어느 님 오리마는
지는 잎 부는 바람에 행여 님인가 하노라.

— 서경덕

내 언제 무신(無信)하여 님을 언제 속였관대
월침 삼경(月沈三更)에 올 뜻이 전혀 없네
추풍에 지는 잎 소리야 낸들 어이 하리오.

— 황진이

"얼마 전에 사랑하는 사람과 헤어졌어요. 아직도 가슴이 찢어지는 것 같아요. 그 사람이 너무 보고 싶습니다. 어떡해야 하나요?"

상담할 때 많은 사람들이 토로하는 것이 바로 헤어짐의 고통입니다. 지금 고통스러운 만큼 상대방이 보고 싶은데, 그 사람을 다시 만나 인연을 이어갈 수 있는지를 물어보는 것입니다. 이처럼 헤어진 연인 때문에 상실감에 빠져 있는 경우 시간이 약입니다. 상대방을 그리워하는 마음은 우리 인생에서 항상 마주하게 되는 숙명과도 같습니다.

헤어짐으로 아파하는 사람은 현재보다 과거에 사는 사람입니다. 우리 모두는 현재를 살아간다고 생각하지만 그렇지 않습니다. 그래서 시간이 답이 되는 것입니다. 아무리 큰 슬픔도 시간이 지나면 점점 퇴색해갑니다. 현재를 산다는 것은 현재를 제대로 인식하는 것을 말하는 것입니다. 이것은 주로 간화선看話禪에서 주로 사용하던 '내 마음 찾기'입니다. 다른 말로는 '마음챙기기mindfulness'라고 합니다. 과거의 아픔이나 미래의 불안에 마음을 빼앗기면 인생의 주재자로 살아가기 어려워집니다. 현재를 현재로써 인식하고 즐기는 것이 중요합니다.

떠나간 인연으로 아프다면 그 감정을 느끼고 즐기시기 바랍니다. 억지로 누르거나 회피하면 슬픈 감정은 부정적으로 변질되거나 갑작스럽게 폭발하는 상황에 놓이게 됩니다. 그런 상황이 되면 기존의 예의나 규칙을 무시하고 큰 실수를 저지르게 됩니다. 역학으로 말하면 '상관견관傷官見官'에 해당합니다. 정상적인 조직생활이나 전통적인 상황에서는 적합하지 않은 이런 상태를 음주로 해결하려고 하지 마시기 바랍니다. 상관견관의 상황에서 술을 마시게 되면 돌이킬 수 없는 큰 잘못을 저지르게 됩니다.

감정이 격앙되어 너무도 힘든 순간을 실수하지 않고 처리하는 방법은 예체능적인 행동을 하는 것입니다. 이를 역학에서는 식상적 행위食傷的 行爲라고 부릅니다. 육체를 움직이는 행위를 열심히 하거나 그림을 그리거나 노래를 부르는 것이 좋습니다. 격렬하게 춤을 추는 것도 좋은 방법입니다. 격렬한 식상적 행위는 우울증에도 매우 좋은 대처 방법입니다. 그리고 나서 자신의 감정을 가만히 들여다보시기 바랍니다. 과거를 보지 마시고 현재의 감정을 조용히 관찰해보십시오. 이 방법이 희로애락의 감정을 컨트롤해 줍니다.

**희로애락이 지나치면
오장五臟이 상한다.**

— 《동의보감》

나쁜 시험운과 그 대처 방법

대체로 운이라는 것은 그 사람의 노력과 관계가 있습니다. 시험운이 좋은 사람은 70퍼센트의 노력만으로도 합격을 이루기 쉽습니다. 이것을 보통 시험운이 좋다고 합니다. 이는 개인의 효율성 문제이기도 합니다. 그러나 아무리 시험운이 좋다고 하더라도 최소한의 노력도 하지 않는다면 시험에 합격할 수는 없습니다.

시험운이 나쁜 경우도 마찬가지입니다. 만약 어떤 사람의 시험운이 나쁘다면 운이 좋은 사람보다 더욱 많은 노력을 기울여야 합니다. 남보다 더 열심히 노력하면 어느 정도까지는 성취할 수 있는 것이 우리들이 살아가는 이 세상의 불문율입니다.

시험이란 잘하는 사람을 뽑기 위한 목적도 있으나 일정한 기준에 이르지 못한 사람을 떨어뜨리기 위한 목적도 있습니다. 상대적으로 경쟁이 중심이 되는 경우는 시험운이 미치는 영향이 크지만, 일정한 점수에 도달하면 합격하는 절대평가의 경우는 운의 영향이 비교적 적습니다. 운전면허 필기시험이 후자의 경우입니다.

상대평가로 이루어지는 시험의 경우는 많은 사람들이 그 시험에 지원하므로, 상호간의 경쟁이 치열하고 합격의 난이도가 올라갑니다. 이런 시험은 운의 영향력이 매우 큰 편입니다. 사소한 실수 하나에도 당락이 좌우되기 때문입니다. 단순히 노력만으로 따라가기 어려운 격차가 분명히 존재하기 때문에 이러한 시험에 도전하는 사람들은 사전에 운을 제대로 살펴서 대비하는 전략이 필요합니다.

합격운의 비중이 큰 고시高試와 같은 경우는 당사자의 노력도 중요하지만 운의 중요도가 더욱 커집니다. 물론 나쁜 운에도 고시에 합격할 수 있으며, 사주가 나빠도 판검사나 의사가 될 수 있습니다. 다만, 그러한 사람들의 경우에는 시험을 뒷바라지하는 부모의 초인적인 희생이나 자신의 엄청난 노력이 뒷받침된다는 것을 알아야 합니다. 어떤 사람이 나쁜 시험운에도 합격하려고 한다면 그 운이 나쁠수록 더욱 많은 노력과 희생이 필요하다는 점을 기억해야 합니다.

역학의 비밀 한 가지를 알려 드리면, 사주팔자 중에서 인성印星이 발달한 사람에게는 부모나 선생의 후원이 매우 중요하고, 관성官星이 발달한 사람에게는 학교나 학원의 선택이 매우 중요하고, 식상食傷이 발달한 사람에게는 재능을 파악하는 것이 매우 중요하고, 재성財星이 발달한 사람에게는 실리적인 이득이 매우 중요하고, 비겁比劫이 발달한 사람에게는 깨달음과 중심이 매우 중요하다는 점입니다.

이처럼 동일한 사주라 하더라도 위와 같은 다섯 가지 이유로 스스로 발달하게 되는 법과 방법이 조금씩 차이가 있는 것입니다. 그러므로 그러한 법칙을 깨우쳐서 순리를 따라 공부하면 공부가 즐겁지만 순리를 벗어나서 억지로 공부하면 그 자체가 고난의 시간인 것입니다.

'공부에 왕도는 없다'라는 말이 있듯이 자신이 뿌린 만큼 거두는 것이 공부이지만, 사람에 따라서 똑같은 공부라도 적합한 방법이 있다는 것도 알아야 합니다. 꼭 명심해야 하는 개운법 중에서 가장 중요한 것은 항상 배움을 게을리하지 말라는 것입니다. 배우고 익히는 공부에는 반드시 그 보답이 있습니다. 그러한 연유로 사주가 나쁘거나 운이 나쁠수록 더욱더 공부에 전념해야 하는 것입니다.

나쁜 기운을 몰아내는 새해 일출 맞이

몸은 땅과 같다.
그리고 착한 생각은 벼와 같고 악한 생각은 풀과 같다.
풀을 제거하지 않으면 낟알이 잘 여문 벼를 수확하지 못하듯이
사람이 악한 생각을 버리지 않으면 도를 얻지 못하며,
성냄이 있으면 모든 것이 가시덤불이 된다.

— 《아함경阿含經》

건전한 육체에 건강한 마음이 깃듭니다. 몸과 마음은 둘이 아니라 하나이며 함께 움직이기 때문입니다. 나쁜 생각을 많이 하는 사람은 그 기운이 외부로 드러나게 됩니다. 이것을 관찰하는 것이 관상입니다.

《아함경》은 석가모니의 말씀을 그대로 전한 불교 초기 경전으로서 석가모니는 항상 악한 마음이 자신을 잠식하는 것을 경계하라고 가르쳤습니다. 화를 내고 성내는 행위 또한 멀리하라

고 했습니다. 우리가 이 세상을 살아가는 행위는 나의 영혼의 입장에서는 시련이자 기회입니다.

아무리 어려운 순간들도 시간이 지나면 경험이라는 굳은살이 생겨나고 마음의 스승을 만듭니다. 그래서 사주가 나쁜 사람들은 그만큼 기회가 많다고 생각하면 되는 것입니다. 많은 이들이 이런 생각의 전환을 외면하고 시련 앞에서 원망을 하며 살아갑니다. 이는 나쁜 마음을 부르고 불운으로 이어집니다. 하루하루 마음의 텃밭에 자라나는 잡초를 제거하듯 꾸준하게 마음을 갈고 닦으며 나쁜 마음을 뽑아내는 것이 우리들의 과제입니다.

찬란한 문화를 꽃피웠던 천년 왕조 신라시대를 생각해보겠습니다. 조선왕조 5백 년에 비하면 신라의 역사는 매우 깁니다. 신라시대에 몇몇 귀족들과 왕족들 사이에는 운을 부르는 비결이 전해져왔습니다. 이러한 비결을 무시하고 막 살기 시작한 시점부터 왕조와 귀족들이 망하게 되었다는 야설野說도 전해집니다(역사적인 기록은 없으나 도가道家에 구설로 전해진 이야기).

신라시대에는 유독 태양에 대한 설화가 많은데, 당시의 해맞이 방법을 소개합니다.

1. 해가 뜨기 전에 반드시 목욕재계를 하고 의복을 정갈히 합니다.
2. 해가 뜨기 전인 인시(寅時)(새벽 3시~5시경)에 해맞이 장소로 이동합니다.
3. 해가 서서히 떠오르기 시작하면 태양이 떠오르는 방향으로 바로 서서 두 손을 모으고 새해의 계획을 세웁니다.
4. 태양이 떠오르기 시작하면 태양의 기운을 온 몸으로 맞으며 좀 전에 세웠던 계획들이 이루어지기를 기도합니다. 태양이 뜨는 것을 보면서 박수를 세 번 칩니다.

태양의 기운은 나쁜 것들을 몰아내는 효과가 큽니다. 지긋지긋하게 자신을 괴롭히는 나쁜 기운들을 몰아내달라고 기도를 하면 효과가 있을 것입니다. 정신적으로 자신의 삶에 영향을 주는 질병이 있는 경우 치유 효과를 발휘합니다. 일출을 바라보면서 조그마한 소리로 자신이 들도록 말하면서 다짐하는 기도를 올립니다. 박수를 치는 행위는 나쁜 기운을 몰아내고 좋은 기운을 불러오는 효과가 있습니다. 축하와 발원의 의미도 강합니다. 그러므로 건강과 개운을 위하여 박수를 많이 치는 것이 좋습니다.

지금 누군가를 사랑하고 있습니까?

무언가를 지키고자 하는 사람은 강해진다고 합니다. 자신이 아끼고 사랑하는 것을 외부의 충격으로부터 보호하기 위해서 강해져야 하기 때문입니다. 굳이 설명하지 않아도 우리는 누군가를 사랑하는 사람은 한눈팔지 않고 단단한 삶을 꾸려가는 모습을 볼 수 있습니다. 모성애가 강한 어머니들을 떠올리면 금방 이해가 될 것입니다.

사랑의 위대함은 정말 부모들의 희생을 보면 알 수 있습니다. 우리의 부모님들이 힘겹게 살아가면서도 잔잔한 미소를 띠었던 것은 바로 자식을 사랑하기 때문이었습니다. 힘들고 지친 생활에서도 열심히 일하고 자식들 입히고 먹이는 즐거움으로 생을 이어나갔던 사랑의 위대함은 아무리 강조해도 지나치지 않습니다.

만약 당신이 "신은 불공평해. 저렇게 못되고 야비한 인간들이 잘되는 걸 보면……"라는 식의 불만과 원망의 생각이 든다면, 이는 하나는 알고 둘은 모르는 소리입니다. '잘된다'의 의미가 과연 무엇일까요?

독일의 대문호 괴테가 쓴 고전 중의 고전 《파우스트》를 떠올려보십시오. 인간과 세상의 진리를 끝없이 밝히고자 했던 주인공 파우스트는 악마 메피스토펠레스가 이끄는 대로 온갖 쾌락과 권력의 세계에 발을 들여놓습니다. 하지만 그가 영혼까지 팔면서 추구했던 그 모든 것이 결국 허상임을 깨닫습니다. 진정한 삶은 자신의 육체와 정신을 온전히 써서 두 발로 얻는 것. 자신의 노력과 열망으로 이루지 않은 모든 부와 권력은 허상이라는 깨달음이 이 위대한 고전이 말하는 교훈입니다.

따라서 무언가를 쉽게 얻었다고 해서 무작정 부러워할 일은 아닙니다. 영혼까지 팔아 돈을 벌어들였다면 가치 있는 삶으로 가는 기회가 멀어지는 것입니다. 양심을 팔아 배를 불리는 부자들은 사실 가련한 존재입니다. 그것은 갚기 힘든 업장을 무수히 쌓는 것이고, 이승의 삶이 다한 이후에는 무간지옥無間地獄 행 급행열차표를 예매한 것이나 다름없습니다.

현대인이 겪는 우울증과 권태는 사실 역설적이게도 물질과 문명의 풍요로움이 가져다준 후유증입니다. 사랑하는 사람과의 관계나 타인과의 연대를 통해 얻어지는 정신적 풍요가 돈과 물질로 대체되면서 개인의 삶이 파편화되고 사막처럼 무미건조해지고 있습니다.

만약 지금 살아가면서 자신의 삶이 평범하지만 불행하다고 느낀다면 그것은 지켜야 할 것이 없거나 사랑할 대상을 찾지 못해서일 것입니다. 누군가를 지키고 싶은 소중한 마음과 작은 것에서 삶의 기쁨을 누릴 줄 아는 귀한 마음이 메말라서 더 이상 생의 즐거움을 누릴 수 없는 상태에 이른 것입니다.

먼저 자신에게 한번 물어보십시오. 그리고 주변을 돌아보시기 바랍니다.

"당신은 스스로를 사랑하고 있습니까?"
"당신은 누군가를 사랑하고 있습니까?"

이 물음에 대답을 가지고 있는 사람은 우울증과 거리가 먼 사람입니다. 권태와 우울증이 당신을 집어삼키기 전에 먼저 자신을 사랑하고 지켜주십시오. 누군가의 사랑을 받고 누군가에게 사랑을 줄 수 있는 당신은 세상에서 제일 행복한 사람입니다.

부록

하늘산 선생님께 띄우다

역학에 새로이 눈뜬 한 해

안녕하세요. 저는 공중파 방송국에서 근무하고 있는 현직 기자입니다. 평소에 하늘산 선생님에 대해 이야기를 많이 들었던 터라 2년 반 전에 상담 예약을 하였고, 처음에는 설마 이렇게 오래 기다릴까, 하고 의문을 품었습니다. 그런데 정말 2년 이상을 기다린 지난 2013년에야 비로소 상담을 하게 되었습니다. 선생님과의 상담을 통해 나의 인생과 역학에 대해서 많은 생각을 하게 되었고, 세상에 알려지지 않았던 많은 것들도 알게 되었습니다.

선생님의 생각을 언론에 소개하자고 여러 번 권유드리기도 했지만, 한사코 고사하셔서 이번에 출간하는 책의 말미에 사실을 밝히기라도 하자는 마음으로 그동안 선생님 제자 분들과 제가 곁에서 지켜본 사실과 내용들을 이렇게 편지 형태로 말씀드릴까 합니다. 역학에 대한 믿음과 신비로움을 널리 알리고 싶은 의도도 있지만, 요즘같이 혼탁한 세상에 선생님 같은 역학자가 존재한다는 사실을 같이 공감하자는 취지에서 이 글을 씁니다. 선생님을 찾는 사람이 3년이나 기다려야 할 정도로 많기에 상업적인 의도로 이 글을 쓰는 것이 아님을 거듭 밝히고 싶습니다. 하늘산 선생님을 만난 분들은 모두 공감하듯이 선생님은 상업적 마인드와는 거리가 먼 분이셨습니다. 한 사람을 상담하는 데 1시간 이상 이야기를 들어주고 해법을 모색하는 모습도 그렇고 역학 강의에서는 인생의 도리를 가르치는 데 많은 노력을 기울이시죠.

선생님께서는 2013년 12월 초에 《이코노믹 리뷰》라는 경제 주간지에 인터뷰를 하신 적이 있으셨습니다. '주역학자가 본 2014 한국의 관상'이라는 테마입니다. 2013년이 저물어가는 마당에 다가오는 갑오년甲午年의 운세가 어떠할지 모두가 궁금해할 주제였습니다. 선생님을 포함해서 총 여섯 분이 인터뷰한 내용이 실렸습니다. 모두가 예상하겠지만, 언론사에 인터뷰를 한다는 것은 해당 역학자에게는 진검승부와 같은 행동입니다. 예측이 맞는다면 엄청난 이슈가 되겠지만, 그렇지 않다면 당사자에게는 큰 상처가 되기 때문입니다.

하늘산 선생님의 예측은 다음과 같았습니다.

2014년에는 죽음의 바람死風이 전국에 몰아칠 것입니다. 주역으로 말하면 수뢰둔괘水雷屯卦의 형상으로 주역 64괘 중에서 4대 난괘難卦 중의 하나입니다. 이 괘는 위에서는 빗물이 쏟아지고 아래에서는 천둥이 치는 형상이며 '둔屯'은 일이 뜻대로 잘 풀리지 않는 것을 의미합니다. 식물에 비유하면 어린 새싹이 꽁꽁 언 땅에서 자라나야 하는 고통을 표현합니다. 뜻하는 바가 막히고 고뇌스럽습니다. 2014년 대한민국은 죽음의 바람이 불고 있는 상황에서 새싹이 얼어 죽지 않고 피어나야 하듯 우리 역시 고난을 이겨내야 하는 한 해가 될 것입니다.

이런 암울한 해석을 듣고 당시 우리 모두가 놀랐습니다. 그리고 2014년을 보내고 있는 지금은 더 놀라고 있습니다. 선생님의 놀라운 예측력 때문입니다. 한 해 동안 이토록 많은 사람들이 죽음의 바람에 스러진 해가 또 있을까요? 모두가 희망에 찬 청마靑馬의 해라고 말하던 2014년 갑오년은 실제로는 죽음의 바람이 전국을 강타했습니다. 기자로서 제가 기억하는 사건들만 열거하면 안타깝게도 너무 많습니다. 2014년 2월 경주 마우나리조트 붕괴사건으로 10명이 사망하고, 4월에는 전 국민을 슬픔으로 몰아간 세월호 사태로 정말 아까운 목숨 295명이 사망하고 9명이 실종됐습니다. 이 사고로 선생님이 말한 수뢰둔의 꽤가 말하는 자라나는 많은 새싹들이 세상을 등졌습니다. 또한 5월에는 장성 요양병원 화재로 21명의 어르신들이 사망하셨고, 6월에는 군부대 임 병장의 총기사고로 5명의 젊은이들이 사망했습니다. 7월에는 광주 헬기 추락 사고로 조종사를 포함하여 5명이 사망하였고, 8월에는 거제 어선 침몰 사고로 6명이 사망하였으며, 10월에는 판교에서 환풍구 추락 사고로 16명이 사망하는 엄청난 비극이 발생했습니다.

선생님께서는 삼성의 미래에 대해서도 다음과 같이 예측하셨습니다.

> 2014년은 경제적으로 어려운 한 해가 될 것입니다. 특히 2014년에 무엇보다 가장 걱정되는 것은 삼성전자입니다. 삼성전자가 갤럭시 시리즈로 정점을 찍은 뒤 이를 뛰어넘는 변화와 혁신을 보여주지 못하면서 차기 방향성을 찾지 못하고 있습니다. 삼성의 위기가 우려되는 대목입니다.

2014년에 삼성전자의 실적은 어닝 쇼크 수준으로 떨어졌습니다. 2013년까지만 하더라도 삼성전자의 분위기는 매우 좋았습니다. 분기 영업이익이 10조 원을 넘어서는 등 승승장구하던 시기였기 때문입니다. 선생님이 인터뷰를 하던 때도 삼성전자에 대해서 긍정적인 전망이 줄을 잇던 시기였습니다. 그러나 2014년이 되면서 갑자기 모든 분위기가 변하기 시작합니다. 150만 원을 넘어서 그 이상을 올라갈 것 같던 삼성전자의 주가는 곤두박질치기 시작했고, 중국의 샤오미를 비롯한 후발주자들의 선전과 추격으로 영업이익도 급전직하하기 시작했습니다. 현재로서는 2015년에도 삼성전자가 회복할 것이라고 낙관하기 힘든 상황이 되어버렸습니다.

선생님께서는 다양한 산업 분야도 예측하셨습니다.

2014년에는 조선, 철강, 에너지 분야에서 큰 이익을 얻지 못할 것이고 힘들 것입니다.

2014년에는 세계 최대, 최고의 조선사인 현대중공업의 몰락이 나타난 시기입니다. 한때 60만 원이 넘었던 주가는 2014년 3/4분기 영업적자가 2조 원에 가까워서 장중에 8만 원대까지 떨어졌습니다. 또한 철강의 대표주자인 포스코도 매우 힘든 상황이고, 유가 하락으로 에너지 분야도 매우 어려운 상황에 처해졌습니다.

선생님의 경제성장률 예측도 있었습니다.

2014년 대한민국의 경제성장률은 3.4퍼센트대를 예상합니다.

2014년 5월까지만 하더라도 OECD가 예상한 한국의 경제성장률은 4퍼센트대 이상이었습니다. 그러나 2014년 12월 한국개발연구원(KDI)의 올해 성장률 전망치는 3.4퍼센트로 정확히 일치하였습니다. 참 정확한 예측을 하시더군요. 더구나 역학으로 경제 전망을 내놓은 사례는 한 번도 없었기에 저희는 결과에 매우 놀랐습니다.

또한 모두가 증권시장의 활황을 예상하던 상황에서,

2014년의 증권시장은 미국연방준비위원회의 테이퍼링(양적완화 축소)의 영향으로 1800대 선까지 떨어지다 여름이 지나면서 차츰 회복세를 보일 것입니다.

이러한 선생님의 증시 폭락 예견은 매우 이례적인 일이었습니다. 실제로 종합주가지수는 선생님의 예견대로 흘러갔습니다. 2013년 12월 30일 종합주가지수가 2011.34포인트로 끝났는데, 미국연방준비위원회의 테이퍼링과 관련해서 2014년 2월 4일 종합주가지수는 1886.85포인트까지 떨어졌습니다. 선생님이 예견한 대로 주가지수가 1800대를 기록하더군요. 실제로 이때의 종합주가지수는 2014년 최저점이었습니다. 그 이후 증시는 지지부진하다가 여름이 되면서부터 회복하기 시작했습니다. 그 결과로 2014년 7월 30일 종합주가지수는 2082.61포인트를 기록했습니다. 장중에는 2100포인트에 근접했습니다.

이쯤 되면 정말 놀랍다 못해 소름이 돋았습니다. 저는 선생님의 예측력에 대해 주변 분들에게 이런 사실들을 이야기한 적이 있었는데, 다들 선생님이라면 당연히 그러려니 한다고 하더군요. 이미 높은 적중력으로 수강생들을 놀래키셨다고 하더군요.

이런 예측력은 오랫동안 역학으로 다져온 이론과 실전, 세상사를 폭넓게 바라보는 선생님의 혜안이 결합된 것이라 생각됩니다. 선생님의 세상을 보는 눈과 마음을 배우고 싶다는 생각을 많이 했습니다. 앞으로도 지금처럼 세상을 바라보는 지혜를 많은 분들에게 전수해주셨으면 합니다.

문선명 총재의 죽음 앞에서

저는 경상북도에 거주하고 있는 공무원입니다. 지방에서 서울까지 선생님 강의를 들으러 다닌 지도 2년이 넘었습니다. 선생님은 저희 가족에게 은인입니다. 2년 전 미래를 두고 방황하던 딸을 상담하며 스튜어디스가 될 것을 권하시고 딸을 설득해서 공부를 하도록 방향을 잡아주셨습니다. 지금 큰딸은 뜻을 이루어 스튜어디스라는 직업에 매우 만족하며 다니고 있습니다. 큰딸이 방향을 잡으니 나머지 동생들도 열심히 공부에 전념합니다. 선생님을 볼 때마다 우리 집안의 귀인이라는 생각을 하게 됩니다.

선생님과의 인연이 많기에 많은 이야기기 떠오릅니다.

선생님 강의를 듣는 사람들은 강의 내용을 휴대폰으로 녹음해서 반복해서 청취합니다. 당연히 저도 그동안 선생님께 들었던 강의 내용을 거의 대부분 소장하고 있습니다. 선생님 강의가 매우 흥미로운 점은 '즉문즉설卽問則說'입니다. 수강생들이 물어보는 주변 사람들의 사주를 풀이하시며 그 사람의 건강 상태, 성격, 지나온 삶, 앞으로의 운세 등을 말씀해주셨습니다.

제가 무척 놀란 일은 문선명 통일교 총재를 언급하셨을 때입니다. 지금으로부터 2년 전 2012년 8월에 강의를 하시다가 선생님이 말씀하셨습니다.

문선명 통일교 총재가 일주일 안에 사망할 것입니다.

우리들은 그 당시에 그냥 지나쳤습니다. 문선명 총재는 매우 건강한 사람이라고 알고 있었기 때문입니다. 그러나 불과 며칠도 되지 않아 문선명 총재가 감기로 입원했다는 소식이 들려오더니 사망했다는 뉴스가 보도되었습니다. 불과 일주일이 지나지 않았던 것으로 기억합니다. 너무 신기해서 선생님의 녹음 음성을 지금도 종종 듣고 있습니다. 더구나 2012년 11월 강의 녹음에서는 이건희 삼성전자 회장이 몇 년 안에 쓰러져서 의식이 없을 것이며, 당분간 생명에는 지장이 없으나 후계 구도와 관련해서 많은 일들이 있을 것이라고 하셨습니다. 실제로 올해 5월에 이건희 회장이 쓰러지시고 11월인 현재까지 병중에 있는 것을 보면 그 예측력이 놀랍습니다. 제가 이런 말을 하면 아무도 믿지 않는데, 녹음된 강의 파일에 있는 내용을 들려주면 그

제야 놀라워합니다.

    선생님의 강의는 종교에 대한 편견이 없어서 좋습니다. 기독교인이든 불교인이든 차별 없이 대하시죠. 가급적이면 인생에 도움이 되므로 종교를 가지라고 권유하십니다. 신생 종교보다는 이미 알려진 큰 종교를 믿으라고 하십니다. 어떤 종교이든 간에 모두 옳고 바른 길을 가르쳐준다고 일러주십니다. 이 이야기를 왜 하느냐 하면, 선생님에 대한 이야기를 하면 어떤 사람들은 종교적인 부분과 연관 지어 생각하는 경우가 있어서입니다. 선생님은 종교보다는 인간 그 자체에 관심이 많으십니다. 지금도 HS힐링스쿨이라는 봉사단체를 만들어 소년소녀 가장과 장애아를 돌보는 일을 하시니까 말입니다. 향후에는 시골에 버려진 폐교들을 활용해서 고아시설과 실버양로시설을 결합하는 꿈이 있다고 하셔서 제가 적극 돕기로 했습니다. 제 직업이 사회복지 관련 공무원이기 때문이니까 일을 통해 보람도 찾고 무엇보다 매우 흥미로운 사업입니다. 이런 생각을 갖게 된 것에 매우 감사하고 있습니다.

김정일 죽음 예고

저는 2011년에 하늘산 선생님께 간명을 받고 강의도 들었던 사람입니다. 2011년 12월에 김정일의 사망을 수강생들에게 예견하셨습니다. 아마도 김정일 사망 일주일 전쯤으로 기억합니다. 꿈에 김정일 북한 지도자가 사망하는 것을 보셨다는 것이었습니다. 꿈이 깨고 나서도 너무 생생하여 주역점을 쳐보았더니 열차에서 심장 문제로 사망한다는 답을 얻으셨다며 모두들 한번 지켜보자고 하셨습니다. 그런데 실제로 그러한 일이 발생하니 정말 놀라웠습니다.

당시에 이런 예측력을 세상에 알려서 이름을 높이시라고 말씀드렸더니 선생님이 조용히 하셨던 말이 기억납니다.

> 아직은 이런 일로 알려질 때가 아닌 듯합니다. 오히려 언론의 주목을 받으면 잘못된 일이 생겨 제 길을 가는 데 어려움이 있을 겁니다. 때가 되어 알려야 할 시기가 오겠지요.

선생님과의 만남으로 역학이라는 학문과 세상사의 관계가 대단히 긴밀하게 이어져 있다는 것을 알게 되었습니다. 세상사를 단지 우연으로만 보았던 저의 생각을 수정하게 되었지요. 이제 세상을 역학의 눈으로 좀 더 체계적으로 보다 넓게 보는 훈련을 해야겠습니다.

CEO들을 위한 연단에 서서

저는 서울대 최고경영자 인문학 AFP 과정에서 선생님의 주역 강의를 듣고 있는 직장인입니다. AFP 과정 수강생으로는 국내의 유명 기업 경영자들과 학계 교수님들도 많이 계십니다.

선생님은 지난 3월 말 강의를 마치고 뒤풀이를 하면서 저희 수강생 20여 명 앞에서 이렇게 말씀하셨습니다.

> 조만간 삼성전자 이건희 회장님이 쓰러지십니다. 의식은 없으실 것이지만 당분간 생명에는 지장은 없습니다. 다만, 이건희 회장님이 쓰러지시면 삼성과 대한민국의 경제가 걱정입니다.

실제로 선생님의 예견대로 안타깝게도 이건희 회장님이 5월 초에 쓰러지는 일이 발생하더군요.

지난 7월 강의에서는 주역을 설명하시면서 전국의 강수량과 호우의 동향에 대해서 언급한 일이 오차 없이 맞아떨어졌습니다. 선생님이 해석하신 주역의 정확성에 대해 많이들 신기해

했습니다. 그날 강의는 국내외에서 내로라하는 두뇌집단들이 모여 있는 자리였기에 선생님의 대담한 예측력에 모두들 경탄했습니다.

지난 9월 강의에서는 이렇게 말하셨습니다.

미국의 금리 인상은 상당 부분 없는 것으로 FRB에서 발표할 것이며, 스코틀랜드의 분리 독립 투표 결과는 독립하지 않는 것으로 결론이 나게 됩니다.

그 자리에 국내외 자금 부분에 민감한 직업을 가진 CEO가 있어서 선생님께서 언급을 하신 것으로 기억하는데, 선생님 예언의 정확도에 강의를 듣는 국내 경영자들이 모두 놀랐습니다.

대부분 사람들은 불확실한 미래 때문에 불안해합니다. 미래를 예측할 수 없는 혜안이 없기에 근심 걱정이 늘어가는 것입니다. 하지만 역학을 통해 그 혜안을 조금이라도 갖는다면 좀 더 현명하게 미래를 대비할 수 있습니다. 선생님 같은 역학자가 꼭 필요한 이유겠지요. 지금은 개인의 운명과 미래, 세상이 나아갈 길을 역학을 통해 살펴보고 미래를 준비하는 것이 우리에게 필요한 자세가 아닐까 합니다. 많은 지혜를 나눠주시는 선생님께 감사함을 표합니다.

지은이 하늘산

성균관대학교 영어영문학과를 졸업하고 동 대학에서 행정학 석사를 마쳤다. 대학 시절 유학에 매료되어 논어, 맹자, 중용, 대학, 시경, 서경, 역경 등 사서와 오경을 두루 탐독했으며 철학과 종교에도 깊이 심취했다. 집안 대대로 내려온 역학의 가풍을 이어받아 모친으로부터 역학을 사사받았다. 대학원 졸업 후에는 방송통신위원회(구 종합유선방송위원회)에서 방송정책 연구원으로 일하면서 문화, 경제정책 등 다양한 분야를 연구하였다. 여러 해 동안 증권회사와 IT 업계에서 몸담은 후 지금은 역학자로서 왕성하게 활동하고 있다.

운명을 열다

1판 1쇄 발행 2014년 12월 25일
1판 6쇄 발행 2023년 11월 25일

지은이 하늘산
펴낸곳 (주)힐링스쿨
펴낸이 김균희

등 록 2013년 6월 27일 (제2013-000114호)
주 소 06611 서울시 서초구 강남대로 455 205호

전 화 070-4898-1698
팩 스 02-6935-1734
이메일 myhealings@naver.com

ⓒ 하늘산, 2014
ISBN 979-11-954159-0-8 13190

* 저작권법에 의해 보호를 받는 저작물이므로 무단 전재와 복제를 금합니다.
* 책값은 뒤표지에 있습니다. 잘못된 책은 구입하신 곳에서 바꾸어 드립니다.